第七感界への進化と
祈りの力

「気」驚異の進化 7

西海　惇
Makoto Nishiumi

たま出版

写真：「光の啓示」より　奥聖氏撮影

まえがき

この年齢で、毎日仕事が楽しいというのは、つくづくありがたいことだと思います。毎日、時間が許す限り、私は会社があるビルの一階の店に立っています。店というのは、今年の三月にオープンした天然石ショップ、「羅針盤舎」。場所は、福岡市天神、当社が入居するビルの一階にあります。

これまで、当社が世に送り出した多数の波動装置は、みな無店舗で販売してきました。昨年十二月、たまたま、一階のテナントが空いたので、思い切ってそれを借りることにし、急遽、天然石の店を開くことにしたのです。

古希間近にして、しかも当社創立二十周年にして、やっと自分の店が持てたという感慨にいまなお浸っています。一国一城の主《あるじ》の気分というのはこれだったのかと、じっくりとかみしめながら。

いただきものの胡蝶蘭はもちろん、棚を飾る小鉢のありふれたハーブさえ、この店の一員として、そこにあることそれだけで、なんだかけなげに思えて、緑がいっそう愛しく目に染みます。

といっても、これがゴールではありません。むしろ、これからがスタートです。これまで、毎日が、明日の行方が決まる分岐点に立っているのだというドキドキ感を、ずっと感じ続けてきた二十年でした。

私がここまでやってこれたのは、多くの人たちのご支援はいうまでもないことですが、運のおかげが大きかったと思っています。

私は本当に運がよかった。ほとんど運のおかげでやってきたという実感があります。

そう言うと、きっと「運じゃなくて奥さんのおかげでしょう」とあちこちから指摘があることでしょう。確かにそのとおり。それは否定しません。女房殿は私の宝。けれども、その宝を得たのも運の力なのです。まあ、そう言わせてください。

私にもし何か才能があるのだとしたら、それは多少なりとも「偶然の一致（シンクロニシティ）」を引き寄せたり、「セレンディピティ」があったりしたからだと思っています。

セレンディピティとは、「当てにしていないものを偶然にうまく発見する才能」のこと。

それはだれにでも備わった能力です。でも、どうやらそれは、意図して磨いていなければ眠ってしまう能力のようでもあります。

そのセレンディピティにもっと注目し、もっと活用すれば、だれでも運はずっと開きやすくなります。その事実を知ってほしいというのが、本書を書く大きな動機でした。

どうしたらセレンディピティは目覚めるのか？　直接的なその方法を教えることはできないものの、本書を通して何かヒントを得ていただければと思っています。

また今回、これまでの拙著にはない試みとして、最近、私に共鳴してくださった二人の達人を紹介します。まさに、そのセレンディピティの達人です。いま、お二人はその能力をいかんなく発揮しています。これからもさらなる飛躍があるでしょう。

私が中心ということもなく、そういうセレンディピティの連鎖を、多くの人々にどんどんつなげていくことができれば、とても楽しいことと思います。

セレンディピティは、決して特別な能力ではありません。五感と同じく、本来、誰にでも備わっています。読者の皆さんも、もっとこの能力を有効利用すれば、幸運を招く力はずっとアップします。それを自分の身近な人たちに連鎖反応させていけば、少しは世の中が変わるかもしれません。自分一人運がよくても、世の中全体が幸運でなければ、個人の幸運の土台はもろいものです。

幸運になる一番の秘訣は、自分以外の人に幸運をもたらすことです。そのためにもまず、自分が幸運の光を放つことです。

西海　惇

第七感界への進化と祈りの力●目次

二章　波動物語

——偶然を味方にすれば幸運がやってくる

Ⅱ　平成の空海

あとがき

一章　招運力

――シンクロニシティ&セレンディピティを活用せよ

運に感謝

この二十年の間、私は多くの人々に助けられました。多くの知恵や縁を授けていただき、物心ともにたくさんのサポートを得ることができました。

これまで出会った人々に感謝するとともに、私にはもう一つ感謝しなければならないことがあります。それは運です。

運の配慮、運のサポートがなければ、おそらく創立二十周年を迎えられるどころか、創立することさえできなかったでしょう。いや、命さえ落としていたかもわからない。ガス事故で九死に一生を得たのも、運に助けられたからです。だから、私は幸運に感謝しようと思うのです。

では、運にどのように感謝すればいいのでしょうか。幸運の女神に感謝を表すには、何をすればよいのか。

それは、幸運の宣伝と普及です。ちょうど、教育に救われた人が、その恩返しに教育の普及に貢献するように。

ということで、私なりに得た運の操り方を披露しようというわけです。つまり、運の運び方。そう、意思ではどうにもならない宿業と違って、運べるのが運なのです。運搬、運動というように、運は動かすことができること、可動のものであることが、すでに言葉のうえで示唆されています。

両親からもらった性別や人種や容姿は、自分では動かせない宿業であり、それを〝不動産〟というなら、現金などの動産に当たるのは運であり、後天的に獲得できる能力ということになるでしょう。そうです。自分で獲得が可能で、動かすことができるのが運なのです。

運は偶然の力？

では、「運がいい」ということは、どういうことでしょうか。

「自分に関わる世の中の現象が、自分に都合のいい巡り合わせになる」とでも表現しましょうか。

例えば、ずっと豪雨だったのに、出張に行く寸前にぴたりと雨が止んで濡れずにすんだというのは、幸運の基本です。運が悪いとこの逆で、家を出たとたんに豪雨に見舞われ、車に泥水をかけられて一張羅が台無しになったりします。運がいい人は、天候も味方にします。

また、友人の結婚式に出席するため駅まで来たら、事故で電車が不通になって、駅前でぼうぜんとしていたら、ちょうど知人が車で通りかかって会場まで送ってくれたということがあったりします。これは、都合のいい人との巡り合わせです。

こんなのはまあ、ツイていた程度ですぐに忘れるでしょうが、飛行機に乗り遅れたら、乗るはずのその飛行機が墜落して命拾いしたということにでもなれば、天の配剤に身震いすることになるでしょう。

これがビジネスの世界になると、資金繰りに窮して倒産寸前に陥ったとき、どこからともなく支援者が現れて、億単位の融資が転がり込み、それがもとで大成功するということにもなるわけです。

世の成功者には、そういった幸運な巡り合わせを経験した人が数多くいます。というより、大きな成功を遂げた人で、そういう幸運の恩恵に浴さなかった人はいないでしょう。

このように見てくると、運というのは、運べるどころか、自分の力ではどうしようもならない偶然によるもののように思えてきます。偶然に支配されたものだからこそ、天にまかせるしかないのが運なのだと、みな思っているわけです。だから、失敗した人に、「運が悪かっただけなんだよ」という慰めも与えられるのです。

偶然を呼ぶ力

最初、運は動かせるといったのに、どうやら、意思ではままならない、偶然の神が振るサイコロだという話になってしまいました。

でも、心配には及びません。その偶然をおびき寄せる方法があるのです。サイコロの目を思うように出す方法が――。

といっても、手品のタネを教えるようなわけにはいきません。これからお話しすることは、あくまで確率の向上をもたらすだけです。自分の体験や見聞から、幸運を招くコツのようなものを拾い集め、私なりにそれを整理して提供するだけです。

それでも、それを知ると知らないとでは、二割バッターと三割バッターぐらいの差は出てきます。それだけで、年俸の差はどれだけになることか。

ピッチャーから投げられるボールは、バッターにとって、どこにどんな球種が来るかわからないという点では偶然です。

○・○何秒で姿勢制御できるロボットなら、瞬間的に球筋を読んで百発百中で打ち返すことができます。人間にもそんな反射能力があるなら、ただ投げられたボールに受動的に反応するだけで、どんなボールでもヒットにできます。

しかし、プロのバッターは、それまでの投手のデータから、次に何が来る確率が高いかを読んで、ヤマを張って待っています。それでうまく体が反応して、ヒットが打てるのです。データ分析による予測です。

幸運は自分が意図して招いた現象

それに対し、偶然をおびき寄せるというのは、どんなコースにどんな球種が来るかが、無意識のうちに感知できて、自然にバットが出るような現象になります。バッターからすると、振ったところにボールが来た、という感じになるでしょうか。

無意識の反応なので、ボールがうまくバットを出したところに来てくれたと思うのですが、これは単純にいえば予測であり、結局、球筋を読んでバットが出ているわけです。

それだけでも運がいいといえますが、もっと運がよくなると、それだけでは終わらない。強運の人間は、自分の思うところへボールを投げさせることもできるのです。

野球ではなく、それがもし未来の決まっていない競馬や競輪などのギャンブルなら、自分の投票券が当たるように現実を操作することができるということです。運がいいというのはそういうことです。

丁半ばくちで、丁と出るか半と出るかは、自然なら五分五分の偶然。もしどちらかに偏りがあれば、偶然を超えて、何らかの恣意《しい》が入っているとしか考えられないのです。

運は単なる偶然の現象ですが、幸運というのは、意識的にしろ無意識的にしろ、人の思惑（意識）によって招かれた現象です。そうなると、もはや偶然の産物ではなくなります。だとしたら、運を操る方法もありうることになるでしょう。

シンクロニシティ＆セレンディピティ

さて、運の話となれば、シンクロニシティ（共時性・同期性）と、セレンディピティの話をしないわけにはいきません。

人生の波乗りをしていくうえで、運とともに、それらは大いに味方にすべきものです。というか、運がいい、ツイているというときには、シンクロニシティ（共時性・同期性）とセレンディピティが生じている場合が多いのです。

それもまた、運の一種であり、成功者にはついてまわるものです。世の成功者はみな、その恩恵をひそかにかみしめているはずです。

シンクロニシティは、みなさんもよく遭遇しています。だれかに電話をかけようと思っていたら、その瞬間にその人から電話がかかってきたというのはよくあることでしょう。身内が亡くなったときに、第六感で感じる「虫の知らせ」がありますが、例えばその死亡時刻に、その人からもらった花瓶が割れたというような場合もシンクロニシティです。

ある場所に旅行にいきたいと計画したら、まだ調べてもいないうちに、マスコミや友人から行き先の情報がやってきます。

何かについて調べなくてはならない、研究で論文を書くために資料を集めなければならないというときには、よくこうした偶然が起こります。意外なところから、役立つ資料がもたらされることに気づくでしょう。

私も、例えば電気回路のことで悩んでいたら、たまたま深夜につけた教育テレビだったか、放送大学だったかで、その回路の話をやっていて謎が解けたことがあり、〝夜更かしは三文の徳だわい〟と思ったことがあります。

次章でくわしく書きますが、波動装置の開発にあたっては、この偶然がなければ一個たりとも世に出ていません。アイデアから材料の調達にいたるまで、すべて偶然のたまものなのです。当社の製品はみな、偶然を父として生まれています。じゃあ、母はだれかというと、私……といいたいところですが、まあそれはウチの女房殿に譲りましょう。

アンビリーバボーな世界の「偶然の一致」

世界の不思議な話を集めた本によれば、奇跡的な「偶然の一致」話がたくさんあります。それをここで二、三紹介しましょう。

次の話は、テレビの不思議話でも何度か取り上げられている有名な奇跡話です。

時は一九五〇年三月一日、アメリカのネブラスカ州ベアトリス。

ある教会で、一九時二十分からコーラスの練習が始められる予定になっていました。ところが、その日に限って、時間になっても十五名の聖歌隊員はだれも来ていないのです。いつもは時間前に集まっているはずなのに。

その十五人が、事前にどこかに集合していて遅くなったというならわかりますが、それぞれが大して意味のない理由で遅刻していただけにすぎなかったのです。例えば、牧師の家族は奥さんが娘のドレスのアイロンがけに手間取り、オルガン奏者は車が故障、ソプラノ担当の女学生は宿題が終わらなかったなど、いつもは遅刻などしないメンバーたちが、そろいもそろって練習時間になっても集まることはなかったのです。

十五人全員が、それぞれ別の理由で遅刻するというのは、それだけで相当に低い確率ではあるでしょう。とはいえ、それだけではなんの衝撃《インパクト》もありません。

衝撃は、そのあとにやってきました。十九時二十五分に、ガス漏れで爆発が起こり、教会が倒壊してしまったのです。もし、一人でも時間どおりに到着していたら、その人の命はなかったでしょう。これは、雑誌『ライフ』で取り上げられて広く知られるようになった話です。

もう一つ、こんな話もあります。

ニューヨークに住む女性が、クシャクシャになった1ドル紙幣を拾いました。どうせ大した金額ではないし、その1ドルで宝くじを買うことにしました。自分で番号を選ぶ宝くじで、紙幣を拾った運を生かそうと、彼女はその紙幣の番号をさかさまにして数字を選んだのです。

結果は？　なんと見事に的中し、彼女は115万ドル（約一億六千万円）の賞金を手に入れたのでした（『世にも不思議な偶然の一致』監修　梁瀬光世）。

これらはただの偶然なのでしょうか？

シンクロニシティは価値ある偶然

世界中で毎日膨大なゴミが出ています。まだ使える洗濯機も、捨てる者にとってはただのゴミ。ゴミ置き場の前をたくさん人が通っても、だれにも見向きもされなければ、やはりただのゴミです。

ところが、ゴミとして捨てられたその洗濯機も、中古の洗濯機を探していた者にとってはリッパな道具で、その人がもしゴミ置き場でそれを見つけたら、「ラッキー！」と言って駆け寄ります。

捨てる者と拾う者の、場の出会いとタイミングがあったときに、シンクロニシティが発生します。そこに価値（意味）が生まれるのです。逆にいえば、中古の洗濯機が欲しいという人の意識（価値）があるからこそ、偶然そこに捨てられたゴミは、再生する運をもらったのです。

ということで、シンクロニシティは「偶然の一致」ではあるのですが、ただの「偶然の一致」とは違います。出来事に意味がなければ、ただの偶然です。

例えば、ある人の顔を思い浮かべたら、その人から電話がかかってきたという場合は、どちらかというと予知になるでしょう。うわさをすれば影、ですね。電車のつり革につかまって外を眺めている二人が、同時に「あの……」と声をかけ合って笑う、なんていうのもただの偶然。そうではなく、渡りに船、というのがシンクロニシティです。

私の知人が家族で初めてディズニーランドへ行ったら、何の話もしていないのに、弟一家とバッタリ出くわしたという話があります。出会った本人たちはびっくりでしょうけれど、これもただの偶然。そのとき、知人がお金が足りなくなっていて、ちょうどうまい具合に弟から借りられたというなら、シンクロニシティになります。

意識の釣り針

この世は偶然の海です。しかし、その偶然の大海にうまく釣り糸を垂らせば、大きな価値を釣り上げることができます。

ニーズ（消費者）を見つけるのはビジネスの基本ですが、メーカーと消費者との偶然の大海のなかで、互いに釣り糸を投げ合って価値を探し出そうというのが、インターネットによるショッピングです。それはある意味、人工的に作られたシンクロニシティです。

時間や場を共有して、同時に発生する物事は無数にあります。でも、そこに価値がなければ、シンクロニシティは生まれません。人の価値観（ニーズ）があるからこそ、偶然の山から宝を見つけられるのです。

運を操る方法のヒントもそこにあります。人の意識こそ、運を引きずり込む釣り針なのです。また、その意識とは、自覚された意識だけではなく、自覚されない深層意識まで含みます。その両方をうまくコントロールすれば、幸運の波に乗り続けられるのです。

私自身が成功したというのはおこがましいのですが、波動装置を製作し始めて、まがりなりにも二十年間それを継続し、さらに新製品を開発し続けてこられたのは、シンクロのポイントにうまく釣り針を投げ入れる勘が冴えていたからだと思っています。

純粋な思考が引き寄せる

何かの本に、シンクロニシティの例として、こんなことが書かれてありました。

その著者が、あることを知りたくて書棚の本を探しまわっていると、ふいに足元にバサッと一冊の本が落ちます。本は、まるでだれかが読みさしの本をそのまま床に置きっ放しにしたかのように、頁が開かれているのです。書棚の本はぎっしり詰まっていて、「落ちるはずもないのに、どうしたんだろう？」といぶかしく思いながら本を拾い上げると……。

なんと、ちょうど探していた事柄がその頁に載っているではありませんか。

前にも触れたように、確かに何かを調べたい、知りたいというときに、こういうことがあることは、皆さんもよく体験しているはず。しかし、お金が欲しい、恋人が欲しいと強く思っても、突然、大金が舞い込んできたり、美人が転がり込んできたりなんて、そんなうまい話がやってきはしない、ということもよく知っています。

知りたいと思うことに限って、偶然、どうして向こうからうまい具合に情報がやってくるのか？

それは、それを求める意識が純粋だからです。純粋というのは、なにも高尚で価値があるというのではありません。また、お金が欲しい、名誉が欲しい、あの子が欲しい、というのが打算的で不純だというのでもないのです。それらが意識に雑音が入りがちなのに対して、何かを知りたいというのは、その意識の波動がストレートで澄んでいるからです。

知りたい情報は手に入るのにどうしてお金はやってこないのか

それに対し、お金が欲しいと願うときは、なかなか手に入らないという先入観が前提にありますし、どんなに願ったところで宝くじが簡単に当たらないのは知っています。物事というか、自分の願望がそんなに調子よく運ばれるわけはないという否定的な考えが濃厚にあります。「どっからかカネが降ってこないかなあ」と思いつつ、「そんなことあるわけないよな」と自分でツッコミを入れるのが関の山。

宝くじで三億円当たって、しばらく南のリゾート地でのんびりする、なんていう夢は描いても、自分自身でそれがありえない妄想だということをよく知っています。夢に冷水を浴びせる自分がいるのです。だからこそ、夢は妄想にしかならないのです。

アクセルを入れながら、ブレーキを踏んでいるのと同じです。それどころか、エンジンも入れていないのかもしれません。

意識と共振するかしないか

この世の物事は、すべて波動によって出来ています。意識も波動です。この世の現象は、意識が作るビジョンだと思ってください。夢だと思ってもかまいません。

夢も現実も、そんなに思いどおりにはならないという点では共通しています。ただ、面白いのは、現実は物質的な法則によってがんじがらめに縛られているのに対し、夢は瞬間的に移動したりものを手に入れたりすることができるということです。そこでは、ニュートン力学は関係ありません。

また、夢の場合、夢だと自覚すると、ストーリーを自分で作ることができるということがあります。その意識の応用だと思ってください。

既成観念の泥沼に浸かっていては、意識も泥沼のまま。

成功法などでは、願望はしっかり意識化しろといいます。プレゼントを届けてくれるサンタクロースへの注文書は、しっかり、はっきりと書けと。それにならえば、「そんな調子のいいこと、あるわけないよな」という疑念があるのは、本当に欲しいのかどうかわからない、あやふやな注文書になっているということになるでしょうか。

しかし、何かを知りたいと思っているときは、何の雑念も邪心もなく、幼児の、なぜ？どうして？　と同じで、ストレートです。そこには、お金のように簡単に手に入るわけがないというような打ち消しは入りません。つまり、ブレーキをかけていない。

だから、この世のスクリーンに共振して現象化しやすいのでしょう。

また、電車などで、後ろ姿がきれいな人をぼうっと眺めていると、ふいに振り向かれてドキッとした、なんてこともよくあると思います。これもまた、まったくストレートな関心だから、その念波もベクトルが確かで、人の心のレーダーによく感応するということではないでしょうか。

ユングのシンクロニシティ

シンクロニシティをはじめに説いたのが、フロイトの弟子の精神科医、カール・グスタフ・ユング（一八七五年～一九六一年）です。

ユングと同じく、フロイトから直に学んだフロイト派の精神分析家が、私の波動製品開発のもとになっているオルゴン・ボックスを開発した、あのヴィルヘルム・ライヒ（一八九七年～一九五七年）です。

ユングがシンクロニシティの考えを深めるきっかけになった、こんな有名なエピソードがあります。

一九二〇年代の半ばごろ、ユングはある若い女性の心理治療にあたっていました。彼女は合理的な考えに固執していて、心のガードが固く、治療効果はほとんどあがっていませんでした。

ある日の治療で、彼女はその前夜に自分が見た夢の話をします。自分が変化を迎える決定的な時期に、黄金のスカラベ（フンコロガシ）を贈られるという夢だというのです。ちょうどそのとき、ユングの後ろの窓に、コン、コンと何かがぶつかる音がします。振り返ってみると、一匹の甲虫が、外から窓ガラスにぶつかっているのです。

窓を開けると、その甲虫は部屋のなかに飛び込んできました。もし夜なら、明かりに引かれてやってくるのはわかりますが、日中の、外より暗い室内へやって来るというのは、虫の生態に反します。

ユングはそのとき、どんな顔をしたのでしょう。羽音をたてて飛ぶ虫は、まさにいま話をしていたスカラベによく似たバカラコガネムシだったのです。

ユングはそれを捕まえて、「これがあなたのスカラベですよ」といって彼女に渡しました。その得意顔が目に浮かびます。

彼女が虫を見れば、黄金虫というくらいで、確かに緑の地色に金色の輝きがあります。この偶然の一致によって、彼女に劇的な変化が訪れます。「彼女の合理主義に穴が開き、その理知的な抵抗の氷が砕けたのだ」と、ユングは記しています。それを機に、ユングの治療を素直に受け入れて、飛躍的に治療が進んだのでした。

私が思うに、たぶん、彼女は、自分が固執してきた因果律だけがこの世界のルールではないことに気づいて、その固い心の壁が崩れ落ちたのでしょう。きっと彼女は潔癖症で、それまでずっと四角四面の生き方をしてきたに違いありません。よその家の敷地に入って近道をするだとか、自分だけうまく幸運が授かるなんていうことは、思いもしなかったのではないか。それが規範であり、道徳律になっていたはずです。

また、この出来事は、ユングにとっても大いに意味のあるケースになりました。というのは、エジプト神話によれば、スカラベは「変容」の象徴であったので、ユングにはなおさら象徴的に思えたのです。

だれがスカラベを招いたのか？

シンクロニシティは、意味がなければなりません。

ユングは、「同一の、あるいは類似した意味を持つ、二つ以上の因果的には関係のない出来事が同時に起こることの、時間的な一致」と説明しています。

因果的に関係がないというのは、なんだか難しいですが、スカラベがやって来ることと、心理治療には何の関係もないということです。ユング自身が庭で飼育していたというなら別ですが。

スカラベの話をしているときにスカラベがやって来る。それはそれで、一種のシンクロニシティではあります。

しかし、彼女が、「あら？　スカラベの話をしていたらスカラベがやって来るなんて。

偶然ね」といってユングに笑いかけるだけでは意味がありません。うわさをすれば影、だけでは。

それだけでは、シンクロニシティの醍醐味がないのです。彼女が、現在の精神的な苦悩の原因となっている心の殻を破って、新たな自分へと「変容」しなければならないまさにその時に、その変容を促す触媒としてスカラベがやってきた。そこが勘どころなのです。

これは有名なエピソードなので、いろんな本や媒体で紹介されていますが、ほとんどこのシンクロニシティの話だけで終わります。

しかし、いったいスカラベを招いたのは誰なのか、何が招いたのかと私は思うのです。神か？　ユングか？　それともスカラベ自身が、「呼んだ？」といって気を利かしてやってきたのか？

黄金虫を招けるのなら黄金も招ける

私としては、スカラベを招いたのは、やはり彼女自身だと思いたいのです。彼女自身が「引き寄せた」のだ、と。そして、その引き寄せ現象を出しやすくしたのが、ユングという縁（場）なのだと。

まあ、不思議な現象をしじゅう招いていたユングのことですから、ユング自身だというほうが理解しやすいでしょうけれど……。なにしろ、不思議なユング先生は、その死後にも次のようなシンクロニシティを引き起こしていたくらいですから。

ユングが自宅で亡くなった二時間後に、彼が愛《め》でていた庭の大木に雷が落ちます。それから何年か後、イギリスのテレビ局が、ユングの人生をたどるという番組を制作します。ラストシーンは、その庭で、アナウンサーがこう言って番組を締めようとしました。

「ユングが亡くなったとき、庭にあったお気に入りの大木に雷が落ちました」

そのときはもう大木はなかったのですが、まさにアナウンサーが語っているそのとき、大木の跡地に雷が落ちたのです。

あの世から、シンクロニシティのお手本を示したのでしょうか？

それでも、スカラベを招いたのは、ユングより、彼女自身だとみなすほうが、価値があります。クライアントの彼女自身が変わるために、自分で招いた触媒なのだ、と。そう考えれば、有益なエピソードになります。もちろん、それがユングの学説に貢献したとなると、それもまた大いに価値はありますが。

さらに、〝黄金虫〟の話にコガネムシがやって来るのであれば、虫ではなく、黄金が欲しいと思うときに黄金がやって来てもいいのではないか、そう考えても悪くはないでしょう。

シンクロナイジングパワー

うわさをすれば影、くらいならよくあります。さらに、シンクロニシティというべき意味のある偶然、自分に利益をもたらす都合のいい偶然もまた、きっとだれでも一度や二度は経験していることでしょう。これもまた、さほど珍しくはありません。

とはいえ、やはりそれは頻繁に起きるものではなく、まれにしか起きないと相場が決まっています。だからこそ、自分は運がよかったと感謝もするのでしょう。

でも、もしそれを日常的に引き起こせるのだとしたらどうでしょう? あるいは、ここぞというときに働かせることができれば。——成功は約束されます。

入試の前日に問題集をパッとめくって出た頁の問題をたまたま解いていたら、それと同じ問題が試験に出るというような偶然が生じるのです。前日にやっていた問題と同じ問題が、本番の試験に出て受験がうまくいったというのは、これもよく聞く話です。もっと運がよければ、その問題も、たまたま友人が聞きにきて解いていたという話になります。

競争相手がたくさんいる企業の受注合戦で、取引先の社長との交渉時に、たまたま自分が前日に見ていた映画の話を社長がして、それで話が盛り上がり、その流れで契約が決まるという話にもなったりします。

こういう能力は、もともとだれにでもあるものなのです。

それを、「シンクロナイジングパワー」とでも呼びましょうか。「同期力」でもいいし、「共振力」や「共鳴力」、「引き寄せパワー」や「招運力」でもいいでしょう。

また、オカルトパワーでもかまいません。いまでは、オカルトというと、ホラーと同じような意味になっていますが、原語は「隠された」という意味です。シンクロナイジングパワーはもちろん、予知や透視など、人の隠された神秘的な力のことをいうのです。イエスやブッダなど、奇跡を表した宗教家たちは、まさにそのオカルト能力を開示した人たちです。そのオカルト能力に対し、作家のコリン・ウィルソンは、独自に「X機能」という名を与えていました。

欲しいと思うものは何でも引き寄せる

技術の進歩のおかげで、現代人はオカルト能力とは疎遠になりました。虫の知らせがなくても電話のほうが確実ですし、パソコンに文字を打ち込めば、情報でも商品でも簡単に手に入ります。そうなれば、使わない能力が退化するのは当然です。

しかし、幸運を呼び寄せるには、このシンクロナイジングパワーが必要なのです。みんながパソコンや携帯電話を持つ時代だからこそ、運の波に帆をかけるものが一頭地を抜くことになります。創造力を発揮するにも、偶然の一致を利用するものが圧倒的に有利です。とくに科学的業績で、たまたま得られた発見がどんなに多いことか。

女優の室井滋さんは、まだ貧乏劇団員だったころ、欲しいと思った家電は買ったことがないといっていました。ないと不便でどうしても欲しいと思ったら、必ずどこからかプレゼントされたり、抽選に当たったりして調達できたというのです。ひょっとして、テレビ出演もそうやって引き寄せたのかもしれません。意識的にしろ、無意識的にしろ。

いまでは、インターネットで新品同然の不用品を探し出せるかもしれません。でも、人からプレゼントされるという幸運やドラマの役柄を得るのは無理でしょう。

映画『ローマの休日』で、最初はエリザベス・テイラーの予定だったのが、監督が代わって抜擢されたオードリー・ヘップバーンや、『風と共に去りぬ』で、ヒロインの決まらないまま、アトランタ炎上のシーンが撮影されていたその場で、プロデューサーにたまたま見出されたヴィヴィアン・リーのように、偶然の抜擢から一挙にスターになった人たちがいますが、それも一種のシンクロニシティです。

偶然だと思わなければどんどんシンクロニシティがやってくる

キャストを引き寄せるとか、室井さんのような家電の引き寄せはともかく、就職や結婚などで、いいクジを引くのに利用できるだけでもいいと思った人はいませんか。ここ一発というときに働いてくれるだけでもいい、と。

もちろん、可能です。小さい引き寄せ現象はみな体験しているはずですから、そういう能力があるなら、それをもっと拡大していくことは可能です。それに、その能力は決して減るものではなく、一生使えるのです。私自身が、これまでずっとそれをやってきたのですから。高校中退のこの私ができるのだから、皆さんができないわけがない。

その現象に気づいてから、私はそれを「引き込み」といっていました。「引き寄せ」という言葉がブームになる前からです。

欲しいと思うときに、欲しいと思う事物が必ず手に入ります。それで物事がうまくいくなら、まさに幸運ということになるでしょう。

どうですか。室井さんの例のように、好都合な偶然が頻繁にやってくるとなると、もはやそれは偶然ではないのではないかと思えてきませんか。偶然ではなく、自分が招いたことではないのか、と。そう思えるようになれば、もうあなたは、シンクロニシティを操れるパスポートを得たのも同然、「引き込み」の扉を開いたのも同然です。

近代に入って、合理的な考えに支配されるようになってから、物事は筋道によって起こるという直線的なものの考えに、私たちは支配されています。ドミノは必ず前から後ろへと順序よく倒れるのであって、ポンと遠くの列から飛び込んでくるなどとは考えないのです。都合のいい現象が、脇からふいにやってくるなんていう考えはできなくなってしまいました。

まず、そういう既成観念の蓋を捨てることです。それが先決で、自分はいつでも都合のいい現象を招くことのできる磁石なんだという意識を強く持って生活していれば、やがて面白い現象が起こることに気づくでしょう。

そのときの感覚を意識に刻んでください。その意識の波動を持続させれば、あなたはより強力な引き込み磁石に進化していくことでしょう。

セレンディピティ

最後に、セレンディピティについて書いておきましょう。

偶然を招くということでは、シンクロニシティから、最近はセレンディピティに移った感があります。

ただ、セレンディピティは「幸運を引き寄せる力」だとか「偶然を呼び寄せる力」というように思われているようですが、それはちょっと違います。

本来、セレンディピティは「当てにしていないものを偶然にうまく発見する才能」のことです。といっても、よくわからないかもしれません。これは、具体的に例をあげたほうがいいでしょう。

例えば、ペニシリンの発見。ブドウ球菌の培養実験をしていたフレミングは、あやまってアオカビを発生させてしまいますが、そのアオカビの周囲で、ブドウ球菌が生育していないことに気づいて、アオカビから抗生物質が開発されました。

科学的な発見には、計画以外の偶然の闖入《ちんにゅう》がしばしばあります。実験で、本来の実験対象以外の物質が偶然にまざり、その物質から別の大きな発見につながるということは少なくありません。

ほかには、たんぱく質などの高分子解析技術で、ノーベル化学賞を受賞した田中耕一氏の例。あやまって試料にグリセリンをこぼしたまま実験を続けたら、結果的にうまく高分子の質量が測定できたのです。それによって測定時間の圧倒的な時間短縮になりました。

MY HOME
目標
アラッ!!
おとしてましたよ!
あっ!おとしものだ!
?
?

電子レンジも偶然の産物です。アメリカのエンジニアで発明家のパーシー・スペンサーは、マグネトロンの製造に関わっていました。マグネトロンは、当時レーダーに欠かせないマイクロ波の発生装置。作動中のマグネトロンの傍らにいたスペンサーは、ポケットにあったチョコレートが溶けていることに気づいて、それがマイクロ波の影響だと察します。果たして、これらはみな偶然の成果にすぎないのでしょうか？

私のセレンディピティのたまものはなんといっても女房殿

セレンディピティは、そういう偶然の発見をいうのではなく、あくまで発見する能力のことをいいます。

アメリカの実業家であり、コラムニストであるデール・ドーテンという人は、「必要は発明の母かもしれない。しかし、偶然は発明の父だ」と言ったそうです。まさにそのとおり。

いや、偶然に得られるのは発明だけではありません。有益な情報や人材、コネクション（縁）なども手に入ります。つまり、「偶然は成功の父だ」と言ってもいいということです。

私は、ほとんどセレンディピティでやってきたようなものです。多少の営業力はあったのかもしれません。でも、私が唯一誇れる能力は、シンクロニシティを引き寄せる能力と、このセレンディピティ。当てにしていないものを偶然に手に入れる能力です。

それでは、この二十年のなかで一番の成果は何かというと――。私の波動装置の原型である「オルゴンボックス」？　それとも、引き込み効果を招く小型装置としてベストセラーになった「ポケット・プラーナ」？

いいえ、それはただの金の卵。私はそれよりももっとすごいものを、つまり、金の卵を生む鶏を手に入れたのです。それが、ウチの女房殿です。

既製の波動装置の販売を手がけて間もなく、私の小さなオフィスに、波動装置メーカーを探していた妙齢のお嬢さんが、たまたまやってきました。その「たまたま」の来訪が、これぞ幸運の青い鳥だとすばやく察知して、網を被せたというか、大いに歓待して、籠の鳥にすることに成功したのです。彼女自身が幸運の女神だったというわけですね。ただし、歓待といっても、当時お金のない私には、カップラーメンを差し出すのが精いっぱいのもてなしではありました。

おのろけで恐縮です。しかし、その女神殿も、私のところへやってくる前、波動装置では既に名の知れていたO氏のもとへ行こうか、私のもとへ行こうか、どちらにしようかなと、アミダくじで選んだら、たまたま私が当たったということでした。彼女にしても、私という幸運の雄鶏（?・）を得たのは、大いにセレンディピティがあったのだと思います。というと、「それはホントにただの偶然よ」なんてツッコミが入るのでしょうけれど。

セレンディピティを高めるには

あるものを探しているうちに、もっと大切なほかのものが見つかる。それはよくあることです。

そういう、偶然にやってきた大切なものをさっと見抜き、しっかりキャッチするのが幸運をつかむ能力であり、成功に通じる力となります。

シンクロニシティを招くにしろ、セレンディピティを高めるにしろ、だれにでもあるその力を増幅するにはどうすればいいのか。

一番大事なのは、それが有益な偶然だと気づくことです。それがなければ何も始まりません。そのためには、アンテナの感度をよくすることですが、では、その感度を高めるにはどうしたらいいのか?

セレンディピティを研究している澤泉重一氏は、その著書『偶然からモノを見つけだす能力』で、仮説構築力、洞察力、認知力、好奇心、知的誠実さ、柔軟性などをあげています。

しかし、基本は何よりも、好奇心のアンテナをピンと張ることです。偶然の足音に、いつも耳を澄ましていること。そして、小さな偶然、ささいな偶然にももっと驚き、感動することです。今日、出会った人がたまたま同郷だったということだけでも、大いに驚いてみましょう。

笑顔は笑顔を呼び、笑う門には福がやって来ます。それと同じように、ちょっとした偶然にも驚き、面白がっていると、もっと面白い偶然がやってきます。

意味ある偶然は気持ちいい

ポイントは、その驚きが気持ちがいいかどうかです。

人にプラスなもの、いい刺激は、1/f（エフ分の1）ゆらぎと同じ気持ちよさがあります。自分に有益なことを嗅ぎつけるのは、人間の本能だと私は思っています。だとするなら、それと出合うことは本質的に快感なのです。美しい音楽にうっとりしたり、心が躍動したりするように、そこには必ず快適な響きが伴います。

ＳＦには、「センス・オブ・ワンダー」がなければならないといわれています。ワンダーは、驚きとか不思議のこと。「驚きの感覚」とでもいいますか。不思議だなあ、と驚く感性ですね。子どものときはみな、不思議が大好きだったのに、大人になるにしたがって、合理的に頭で考えるようになって、不思議な思いに胸をときめかすことは少なくなります。この世に奇跡などなく、それどころか、「トーストが落ちるときは、必ずバターを塗った面が床に向かって落ちる」なんていうマーフィーの法則を、冷めた頭で信じるようになります。

「発見とは、誰もが見ているものを見て、誰も考えなかったことを考えることである」といいます。

ニュートンが見る前から、リンゴが木から落ちるのは、いったいどれだけ目撃されてきたことか。それが万有引力のビジョンとつながったとき、ニュートンはとても興奮し、大きな快感を得たことでしょう。

混んだ電車で、今日は疲れているから座りたいなあと思っていたら、次の駅で目の前の座席の人が下車して座れたなんていう小さな偶然にも、喜びのエンドルフィンを出すことです。そうやって小さな偶然にも共鳴していくと、共鳴はしだいにうなりとなって、さらに大きな、心地よい偶然のウエーブが雪だるま式に押し寄せてくるでしょう。

二章　波動物語

——偶然を味方にすれば幸運がやってくる

「羅針盤舎」もたまたま開店できた

本当に私は偶然に恵まれています。

もし「日本偶然力協会」なんていう団体があれば、大いに表彰を与えていただくに値すると思います。できることなら、この偶然力を皆さんにお分けしたい。いや、お分けしようと思ってこの本を書いています。

そこで本章では、この二十年を、「偶然の恵み」ということを切り口にして振り返ってみることにします。前章のような一般論ではなく、具体的に、私の身にいかに降りかかってきたのか、その体験を語ることで、そこに何らかのヒントになるものがあれば、ぜひ活用していただければと思います。

また、現実のこの世は、こんなにもうまいぐあいに偶然がやってくるんだという認識を実感してもらえれば、それが「引き込み力」やセレンディピティの増強に大いに役立つでしょう。好都合な偶然の恩恵に浴するには、まずそれがふつうにあることなんだと認識することです。リンゴが木から落ちるように、ごく自然な法則なんだと。意識が変われば、現実も変わってきます。

その最初の例ですが、「まえがき」でも書いたように、パワーストーンショップ「羅針盤舎」の開店も、まさに偶然なくしてできないことでした。

このショップは、当社が入居するビルの一階にあります。そのフロアは、短期間でテナントがちょくちょく変わってきており、羅針盤舎が入居する前は、あるカツラ会社が店を開いていました。その店が入るときは、大手だけあって、二千万円ほどかけて大々的な改装をやったということで、外装も内装もなかなかリッパな仕上がりで、こんどこそ続くのではないかと、みんなが思っていました。

あなたがそう言うのなら、きっとそうなるんでしょうね

しかし、私はこんなことを口にしていたらしいのです。らしい、というのは、私はすっかり自分がそう言ったのを忘れていたからです。

「この店、一年後にはおれたちの店になってるよ」

気負いも何もなく、あしたの天気の話でもするように。それを耳にした女房殿は、ふつうなら、「何おかしなこと言ってるのよ」という話になるはずです。ところが彼女は、こ

う言ったのです。

「あなたがそう言うのなら、きっとそうなるんでしょうね」

不思議な夫婦とお思いでしょうか。それも無理はありません。

実は、いま私たちは会社から十分ほど離れたマンションに住んでいるのですが、それが建つ以前は、由緒ある料亭が渋いたたずまいを見せていました。その料亭の前を女房殿と一緒に通ったときに、私はどうもこんなことを言ったらしいのです。

「ここね、いずれマンションが建っておれたちが住むことになるよ」

それもまた、私は口にしたことすら覚えていないのです。

「まさか。こんなリッパな料亭があるっていうのに。けっこう、はやってるみたいよ」

当然、女房殿は笑ったそうです。そんなやり取りがあったことを後から聞いて、「へえ、そんなこと言ったかね」と、口にした本人が驚くありさまでした。

ところが、それから間もなくして料亭は取り壊しになり、十五階建てのマンションが建設されることになったのです。もはや記憶にはなかったとはいえ、女房殿に予告した手前、その建設中に工事現場の人に声をかけて詳細を聞き出し、結局、予約第一号として、最上階の物件を契約することになったのでした。

突然、ショップの話が舞い込む

話が脱線しました。もともと私は天然石に関心があり、個人的に珍しい石を収集していたほか、当社の機関誌である『波動チャンネル』を通して、天然石（パワーストーン）の通信販売も行っていました。

きっかけはまず、去年の十一月二十六日。東京の池袋で開催されていた「世界鉱石の展示会」です。この十年間、一人で東京へ出かけたことなどなかったのに、またほかに特別な用事もなかったのに、なぜかふらっと出かけたくなったのです。とはいえ、そこで面白い石があれば仕込んでこようというつもりではありました。しかし、会場で世界中の石の卸問屋の名簿と、めぼしい石をいくつか手に入れただけで、結局だれにも会わずに帰ってきたのでした。

それから間もなくして、一階のショップはまたまた閉店となり、ついに当社に入居しないかと打診があったのです。

ビルの大家さんが言うには、既に一部上場企業の五社から入居希望があって、翌日にでも契約できる状態にあるといいます。ちなみに、当社の所在地は、福岡の商業地域である天神のなかでも発展著しいエリアにあり、引く手あまたであるのは事実でした。敷金や前家賃等だけでも、一千万円は下りません。それなのになぜ零細な当社に声がかかったのかというと、やはりビルの一、二階を除いてすべて当社が占有していたからでしょう。

その話に、パワーストーンのショップにピッタリだというのはすぐに頭に浮かびました。内装も、どうやらそのまま使えそうです。しかし、自分で予告していたことはすっかり忘れていたのです。

「どうしますか？」

そう言われても、なにぶん話が急であり、それだけの資金を用意するのは大変です。それでも私が即答で断らなかったのは、自分の予告を思い出したからではありません。

高校中退で東京へ出てきて、最初に勤めた米軍ＰＸ（基地内の売店）で「メイ・アイ・ヘルプ・ユー・マダム？」と、ブロンド女性に声をかけたときから、私はずっと自分の店を開くのが夢だったからです。その甘酸っぱい思いがこみあげてきたのでした。現在、ビジネスは無店舗で十分うまくいっています。何をいまさら、莫大な金をかけて店舗かという常識もよぎります。いや、それ以前にまず、その資金がありません。

破格の値下げ

しかし、と私は思ったのです。この年にして、若いころの夢が実現するというのは、これは自分だけの夢の実現だけではなく、星野哲郎作詞の水前寺清子の歌じゃないけれど、人生の応援歌になるではないか。「♪若いときゃどんとやれ、男なら」です。いや、もう私は若くはないのだから、どんとやる必要はないのかもしれない。でも、いつでも、どんとやれるやつが若いんだ、と。「♪人のやれないことをやれ〜」です。サミュエル・ウルマンじゃないけれど、青年とは年齢ではなく、夢を持つものが青年なんですね。

それに、『まだまだおれは、攻めの姿勢でいかなければどうするんだ』という意欲もありました。『おれから攻めをとったら、いったい何が残るのか』。そう思うと、むくむくとやる気の脳内物質が分泌されてきます。

それを察したのでもないでしょうが、大家さんはこう続けました。

「西海さんはウチのビルをとても大切に扱ってくれています。こんなに大事に使ってくれた会社はいままでありませんでした。いつもきれいに掃除してくれていますしね。しかも、ウチのビルだけではなく、周囲まで。いつも感心していました。できれば、ほかには貸したくないというのが正直なところなんです」

なんともありがたいお言葉です。そうおだてられては、五島の海で育った、網元の血筋の侠気《おとこぎ》が騒ぎます。人生、博打《ばくち》たい。とまあ、そう思うだけはタダでありまして、現実的に、やはりハードルは高い。

「そうおっしゃってくれるのはありがたいですけどねえ。でもね、社長。ウチは地元の零細ですもの……」

と言うと、何を思ったのか、敷金ほかもろもろで二百十万円、さらに月額賃貸料も三十万円引きにしてくれるというのです。さすがにこれには驚きました。あとは、その家賃と人件費をどう捻出するかですが、そこまで言われては、おだてに乗るしかありません。

ショップは何とか手に入ったとしても、さて、仕入れをどうするか。石を仕入れる余裕資金はありません。だったら、委託販売ということにしようと考え、そこで池袋の展示会で入手したあの卸問屋の名簿が役に立ったのです。それを使って、全国、手当たり次第にダイレクトメールを送付しました。

未来予知より「引き込み能力」

幸い反応は上々で、続々と申し込みがあり、準備期間もないまま、あっという間の開店となったのでした。改装の必要もまったくなく、私が新たにショップに施したのはシャッターだけ。計画も何もありません。あったのはただ、女房殿に語った予告（？）の裏付けだけでした。

いったいこれは偶然なのでしょうか。

いや、私の予告どおりになったということでは、周囲の人たちは、口々に「必然」だと言います。石が好きで、初期に開発した波動装置から、そのエネルギー発生部に水晶を組み込んできた西海が、ゆくゆくはパワーストーンの店を開くのは当然のシナリオではないか、と。だとすれば、確かに、「一年後にはおれたちの店になってるよ」と私が口にしたのは、当社が入居することが既に決定されている、未来の「予告」ということになるのかもしれません。未来が決定されているのだとしたら、確かにそれは必然です。

しかし、本当に決定などされていたのでしょうか？

私はそれをやはり、偶然の引き込みだと思うのです。競馬でいえば、自分が投票した馬

を勝たせたのだ、と。ジャンボ宝くじに置き換えれば、自分の番号を弓矢で当てさせたのだ、と。

聖書にこんな言葉があります。

「だれでも、この山に向かって、『動いて、海に入れ』と言って、心の中で疑わず、ただ、自分の言ったとおりになると信じるなら、そのとおりになります」

たぶん私は、無意識のうちにそうなると思って、山に向かって動けというように、マンションを建てさせ、パワーストーンショップを招いたのではないか。私は、そのとき女房殿がそばにいたから、「いずれマンションが建って、おれたちが住むことになるよ」だとか、「おれたちの店になってるよ」と告げただけで、もし一人だったら、まさに聖書に書かれているように、料亭や、一階の店舗に向かって、「おれたちのものになれ」と言って、無意識ではあるけれど、心の中で疑わず、自分の言ったとおりになると信じたのではないか。だから、現実化したのではないか。

未来予知より、私はそんな「引き込み能力」のほうが好きです。皆さんはどちらが好きですか？

もしもこの世が必然なら生きる意味はあるのか

そんな都合のいい偶然がつきまとうようになったのは、すべて、ガス事故から始まっています。あの事故で死にかけ、命拾いしたところに大きなターニングポイントがありました。あれで私は再生したのです。単なる命拾いではなく、ちょっとカッコつけて言えば、サナギから別のものにメタモルフォーゼ（変態）したということでしょうか。

それを、運命論が好きな人たちは、助かったのは必然だと言います。ガス事故も偶発的なものではなく、再生のためのシナリオだったのだと。

しかし、それはどうでしょう。もし、私があの事故で半身不随になり、何の生産活動もできない状態になっていたとしたら、それでも必然と言うでしょうか。

と言うと、必然論者は、きっと、「それはない。成功することが決まっていたんだ。だから必然なんだ」と言って反論するでしょう。ガス事故で瀕死状態になったのは、ステップアップのための通過儀礼みたいなものだと。

そうでしょうか。私にしてみれば、ガス事故など体験したくなかったのですが。いまでもガス器具からガスが出る、シューというあの音を耳にすると怖気《おぞけ》が走ります。

偶然か必然か、どちらにしろ、それ以降、私はこんなイメージを持ちました。鉄粉が磁力線に沿って整然と並ぶように、まったく乱雑に散らばっていたこの世の事象の鉄粉が、私の磁石の磁力線に引きずられて、私を中心に並んで、私をめがけてやってくるというような。

別のイメージでいえば、偶然の海から魚を釣るのに、あたりをつけるのがうまくなっただけではなく、魚が整然と並んで次々に網にかかるどころか、舷側から甲板に飛び込んでくるような印象になったというか。その整然さが、あたかも必然のように思わせるのかもしれません。

しかし、私は必然ではないと考えます。もし、この世のすべてに筋書きが決まっているのだとしたら、どんな努力も無意味になるではありませんか。変化も進歩も発展もありません。気づきも反省もないのです。だったら、生きている意味はどこにあるのか。自分で自分を変え、世界を変えられるというのでなければ、この世に生きる意味はあるのでしょうか。

人が人との出会いによって変わることがなければ、愛は無意味です。

ただ、この世の扉を開けたとき、そこにどんな筋書きが待っているかというのは、案外決まっているのかもしれません。いろんなシナリオパターンが用意された演劇のように。そのパターンこそ運命なのでしょう。

しかし、目の前に立ちふさがる運命の扉は無数にあるのです。右の扉を開けるか、左の扉を開けるかの違いだけで、シナリオもすっかり変わってしまいます。となれば、筋書きという運命は、ないも同然です。

瀕死のガス中毒

では、そのガス事故がどういうものだったか、その話をしましょう。

人間は簡単には死なないものです。

仕事で何度もの浮沈を繰り返した私は、五十歳を前にして、起死回生を狙い、福岡である事業を企てます。けれども、結局はそれも失敗。資金も底を尽き、失意のまま半年ほどお粥をすすって生きながらえていました。

「弱り目にたたり目」「泣きっ面に蜂」ということわざがあります。悪いときには悪いことが連続してやってくる。「引き込み」はいいことばかりではありません。悪いことも引き込むのです。

一九九二年十二月。ガスストーブをつけたまま寝てしまったのが災いしました。事情聴取された刑事の話によると、ストーブからホースが外れていたとのことだったので、たぶんトイレに起きたときに、ガスのホースに足が当たって、ホースを外してしまったようです。

それからガスが出続け、マンションの住人がガス臭さに気づいて大家さんに連絡し、救急車が駆けつけてくるまで、十七時間もの間、私はガスの充満した部屋で眠り続けていたのです。独身だったので、だれも巻き添えにせず、また爆発も起こらなかったのが不幸中の幸いでした。

瀕死の状態で運ばれた私は、運よく四日目に意識が戻りました。悪運だけはあったようです。しかし、大変なのはそれからです。

脳の回復が進まず、大学病院の脳の専門医から、脳機能の障害と、それによる運動機能障害は深刻で、完全な回復は見込めないと宣告されたのでした。実際、目覚めてしばらくは、２＋３のような一桁の計算もできないのです。うまく歩くこともできず、トイレに立っても用を忘れて戻ってしまう始末。もはや、どう考えても絶望的状況です。

絶望的状況でも立ち直ろうという意欲だけはあった

それでも、どうせ完全に治らないなら、病院でただ寝ていても始まらない、まずはシャバに戻らなければ一円も稼げないということで、入院後三週間にして無理やり退院したのです。面白いことに、これだけのダメージを受けながら、再起の意欲だけはあったのでした。無一文で職もないどころか、若さも家族すらないというのに。

ふつうなら、もはや悲観しかないはずです。それなのに、まだやる気だけは残っていたのです。もしかしてそれは、父の次のような言葉が支えになっていたからかもしれません。

「惇《まこと》、努力の火だけは消してくれるなよ。人はだれでも、奮起しさえすれば成功するときが必ずやってくる。火種をしっかり守っていれば、ここぞというときにいつでも燃え上がることができるんだから」

五島で小学校の校長だった父は、教育者らしく、出来損ないの末っ子の成人式の祝いに、これだけは読んでくれといって、カーネギーの『人を動かす』や、クラウド・ブリストルの『信念の魔術』を贈ってくれるような人でした。

それまで実生活において、それらのいわゆる「成功の哲学」を念頭においていたというのは記憶にありません。しかし、いま思えば一度は目を通していたのであり、たとえ本を伏せたとたんに中身はすっかり忘れてしまっていたとしても、ひょっとして潜在意識のなかに蓄えられていて、無意識の羅針盤になっていたのかもしれません。

宇宙エネルギー発生装置で救われた

退院はしたものの、意欲があるにもかかわらず体が言うことをききません。

さてどうするか？　私はまず、やっとのことで電話を一本かけました。相手は、宇宙エネルギー（波動）製品の販売元です。

そこにもまた偶然がありました。ちょうど事故を起こす前日に、『商店界』という雑誌でその広告を見て、カタログを注文していたのです。入院中、友人に部屋に届いているはずのカタログを持ってきてくれと頼み、届けてくれたカタログを、朦朧とした頭で何時間もかけて読みました。広告によれば、ただその装置を置いているだけで、大きな健康効果があるというのです。私はそれにすがったのでした。

偶然はそれだけではありません。『商店界』は、私が二十六歳で婦人服店の仕入れ部長だったときに、マーチャンダイジングについての記事を半年間掲載していたことがあり、書店で目にして、懐かしくなって思わず買っていたのです。

金がなく、お粥しかすすっていなかったときなので、ふつうならまず買いはしなかったでしょう。しかもあとで知ったことですが、その本はその号で廃刊となったのでした。そのときは宇宙エネルギーなど初耳で、ただ興味本位でしかなかったのです。まさかその広告でカタログを取り寄せたばかりか、その健康効果にすがって電話をすることになろうとは夢にも思いませんでした。

電話に出た部長さんは、私の必死の訴えに、費用はあとでいいということで、中古品をすぐに発送してくれたのです。

早速、それを枕元にセット。はたして、それが効果を現したのかどうか。それはわからないとはいえ、なんとたった二週間で、頭も体も元どおりに回復できたのです。

すべては『商店界』を手に入れたことによります。また、二十六歳に寄稿していたことがなければ、そんな専門書など目にさえとまらなかったでしょう。ということは、私が宇宙エネルギーによって救われ、私もそのエネルギー発生装置の開発を手がけるようになるのは、二十六歳のときから既に決まっていたことなのでしょうか？

情報が次から次へとやって来る

自分が困ったときに助けてくれるのが本当の友人だという言葉があります。その真偽はともかく、そういうときの助力は本当にありがたいものです。

病院にカタログを届けてくれた友人が、私にポンと四十万円を貸してくれたのです。どう見ても簡単に返済などできない男に。しかも、そのお金も、消費者金融から借りて。泣ける話じゃありませんか。

それを元手に、宇宙エネルギー装置の代理店を起こして小さな広告を出したら、宇宙エネルギーに詳しい男がやってきたのです。といっても浮浪者同然で、私の部屋に居候するかわりに宇宙エネルギーの話を教えてもらうことになりました。当時、宇宙エネルギー関係の本をたくさん出していた故深野一幸氏の本を知ったのも彼からです。

その深野氏の本をもとにして広告文を作り、ある新聞に全面広告を打ったところ、二人の強力な援軍を授かりました。二人とも相当額の注文をしてくれましたが、一人は地元のテレビ会社に勤めるインテリで、多くのアドバイスと情報を与えてくれて、大いに助かりました。

その二人のほかに、最強の援軍がやってきます。それがわが女房殿、実記《みき》。彼女がいなければ、いまにつながる波動装置の開発など、とうてい不可能でした。妻であるとともに、最大の同士であり恩人でもあります。しかしまあ、結婚する前は妻の前に女性であったので、私がもてなすカップラーメンの、湯加減のその愛情の深さに、コロリと参ったようだというのはもう散々書いているので、さすがに古い読者の皆さんはもう聞きあきたことでしょう。けれども、そこにもまた偶然があったのです。

二者択一のアミダくじで、私が勝者の栄光に預かったというのは前にも話しました。それだけなら大した偶然ではありません。本当なら、彼女は前述のO氏のもとを訪ねる予定だったのです。その直前に、彼女の母が持ち帰ったタウン誌が食卓にのっていて、なにげなくそれをめくったら、私の広告が目に飛び込んで、どちらにしようかと迷ったのだとか。アミダくじはそれからです。

エネルギービーズで霊障がとれた⁉

実を言うと、実記を惹きつけたのは、カップラーメンの湯加減だけではありません。初対面で受けた悩みをあっという間に解決したことも大きかったのです。それは、私の魅力というよりは、やはり宇宙エネルギーの魅力でした。

実記は福岡市のあるデパートでショップ長をしていました。そこでは、奇妙なことがよくあるというのです。古いなじみのお客さんが、こんなことを言ったのだとか。

「Aさん、退院できてよかったですね」

ギョッとして見返す実記に、お客さんは続けます。

「いらっしゃいませって言って、そこまで案内してくれたんですよ」

病気で入院していたAさんが退院するはずはありません。とっくに他界していたのですから。

実記もまた前から気配を感じていたので、なおさら驚きました。それだけなら問題はなかったのですが、売り場はケンカが絶えず、怒鳴る必要もない些事にさえ上司まで怒鳴り散らすので、一日が不快でたまらないと切実に訴えます。それまでそんなことはなかったのに、そんなささくれだった雰囲気になったのは、ちょうどAさんの気配を感じ出したのと重なるというのです。

当時、霊的な感性などまったくない私に、そんなことを相談されても困ります。それでも半信半疑で、宇宙エネルギーグッズのビーズを二十粒ほど渡して、「これを売り場の人目のつかないところに貼れば収まるよ」と処方してやったところ、数日後に実記がやって来て、ビーズを貼ったとたんにピタリと雰囲気がよくなったと礼を言うのです。

「宇宙エネルギーって、そういう効果もあるんだ！」

驚いたのは私のほうです。宇宙エネルギー製品を販売していながら、私はまったく何も知りませんでした。素直に驚いただけですが、その裏表のなさが、ラーメンの湯加減の次ぐらいに好感を招いたようです。

この浄霊（？）によって私が扱う製品の力が実証され、彼女もそのエネルギーの確かさに共鳴して、自らがその開発に手を染めようというきっかけになったということならば、あの世のAさんに、実にグッドタイミングで出てきてくださったと感謝しなければいけないでしょう。

まさに偶然の連続で出来上がった「ポケット・プラーナ」

私たちが一緒になって、自力で最初に開発した製品がポケット・プラーナです。既製品の据え置き型ではなく、携帯用のエネルギー発生器が欲しいと思ったのです。当初は販売目的ではなく、自分たちが使うものとして。

二人で、ああでもないこうでもないと言い合って、試行錯誤しながら開発していった、あの時間は、いま振り返ると実に楽しく充実していました。そうやって生まれたポケット・プラーナは、私たちの一番のヒット作になりました。

食べるものも我慢して開発にいそしんだのは、はたしてヒットの予感があったからでしょうか。いいえ、夢や希望はあったとしても、予感などありません。二人の楽しさが因となり、縁を呼んだ結果なのだと思います。

未来を夢見て頑張るのもいいでしょう。でもその前に、まずはいまが楽しいことが大事です。それが場を明るくし、その場の振動が、空間的にも時間的にも周囲を共振させていって、楽しい結果がやってきます。そう思うほうが楽しいですよね。

反対に、いくら苦しい努力をしても実を結ばないことがあります。世の中、そのほうが多いでしょう。あんなに頑張ったのに、どうして成功しないんだという嘆きは、山のようにあります。この世は挫折だらけ。そういう場合、きっと思い描く成功より、苦しみの歯ぎしりの波動のほうが強くて、その陰気が周囲に伝わって、楽しくない結果が招かれてしまうのではないでしょうか。

私たちはまず、宇宙エネルギー発生の原理を考え、清家新一氏の＊メビウスコイルにヒントを得て、二重のリングに銅線を8の字状に巻きつけるという「西海式8の字巻きコイル」を開発しました。それが、私たちの波動製品の、空間からエネルギーを汲み出す原理であり、心臓部ともいうべきポンプとなったのです。

そこからさらに、このポンプが商品として開発できるまでに至ったのは、偶然のたまものといっても過言ではありません。私たちを主体にいえば、やはりよくできた引き込み現象の連続だったのです。とにかく、製造業としてはまったくの素人なので、部品を探すのが大変でした。まだインターネットもなかったので、どんなものを使用したらいいのかがわかっても、それをどこで調達すればいいのかすらわからなかったのです。

＊メビウスコイル——東大卒の物理学者、清家氏が開発したメビウス状に巻いたコイル。これを用いて製作した発電機は、驚くべきことに、ただアースするだけで交流電気が発生するといわれます。

ないはずのリングが落ちていた

まず最初に探したのは、銅線を巻くためのリングでした。ポケットに入る小ぶりなサイズのもの。わからないというのは大変なことで、最初は直径が手頃だということで水道の鉛管を輪切りにすればいいと思いつき、実際に自分で金ノコでスライスまでしてみたのです。もちろん、これでは時間がかかりすぎます。

とりあえず、実記と二人で金物の専門店に行って探し回りました。しかし、ちょうどいい形ものは見つかりません。この店はあきらめて帰ろうとしたときに、実記の足元で金属音をたてて転がったものがあります。それを拾い上げてみると、まさにちょうどぴったりのリングだったのです。

店員さんに、「これが欲しい」と差し出すと、メーカーが製造中止にしたので、もう四年も前に処分しているのに、どうしてこんなものが出てきたのかと不思議がります。私がこれをまた製造できないかと尋ねると、店員さんはメーカーに問い合わせてくれて、幸い型がまだ残っているので、千個単位なら作るという答えが返ってきました。その一千個を注文するのに、私たちは何のためらいもありませんでした。

それにしても、店から四年も前に消えているリングが、どうして床に落ちていたのか、さらに、それがよくもまあ実記の足にヒットしたものか。その偶然の確率は、いったいどうやって計算すればいいのでしょう。

まるで案内されたかのようにタクシーが故障する

次の探しものは、そのリングに巻いたコイルを収納するパッケージです。

私たちは、その足でタクシーを捕まえ、博多区へ向かいました。そして博多区へ入ったころ、車が急に減速して路肩に止まったのです。車の調子が悪いので、ちょっと停車したいとのこと。

昔から頻繁にタクシーを利用していた私も、故障に出合ったのは初めてでした。なにげなく窓の外を見れば、なんと、そこに○○ケースという看板があるではありませんか。おっと、これはちょうどいい、ということで車を降りることにして、とくに期待もしないで店を覗いてみれば、これまたなんと、おあつらえむきの巾着があるではないですか。

金色に輝く小さなその巾着にコイルを入れてみると、まるで測ったかのようにピタリと収まります。私たちの手になる波動装置第一号、ポケット・プラーナの誕生です。

心臓部は、西海式8の字巻きコイルに加えて、銅やアルミや水晶の合体。それによって、自分たちが扱っていた既製の装置より、ずっと確かなエネルギーが出ることになりました。さらにそこに、世に出しても恥ずかしくないような外装がうまく授かったのです。

これはもう、自分たちで使うだけではもったいない。そう思えるほどの出来栄えに、商品として出すことに決めたのです。いまでもそれは、ずっと同じスタイルを維持しながら、総計十万個以上のベストセラーになっています。

龍が立ち昇る

一九九七年、私は北海道でセミナーを行っていました。その途中、突然、携帯電話が鳴ったのです。

電源を切り忘れたのはうかつでした。セミナー中は、家や会社からは電話を掛けないことになっています。それなのに電話が掛かったということは、何かあったのかなと思い、ついつい中座させてもらって電話に出ると、「いまね、ドクター・オルゴンから煙が出たの！」と、珍しく実記の興奮した声が響きます。

「ドクター・オルゴン」というのは、小型の「オルゴンボックス」のこと。オルゴンボックスといっても、新しい読者の方は知らないでしょうから、ちょっとだけ説明しておきます。それは、前出のライヒが発明したもので、正確にはオルゴンエネルギー蓄積器。

では、オルゴンエネルギーは何かというと、私たちはそれを一種の宇宙エネルギーだと

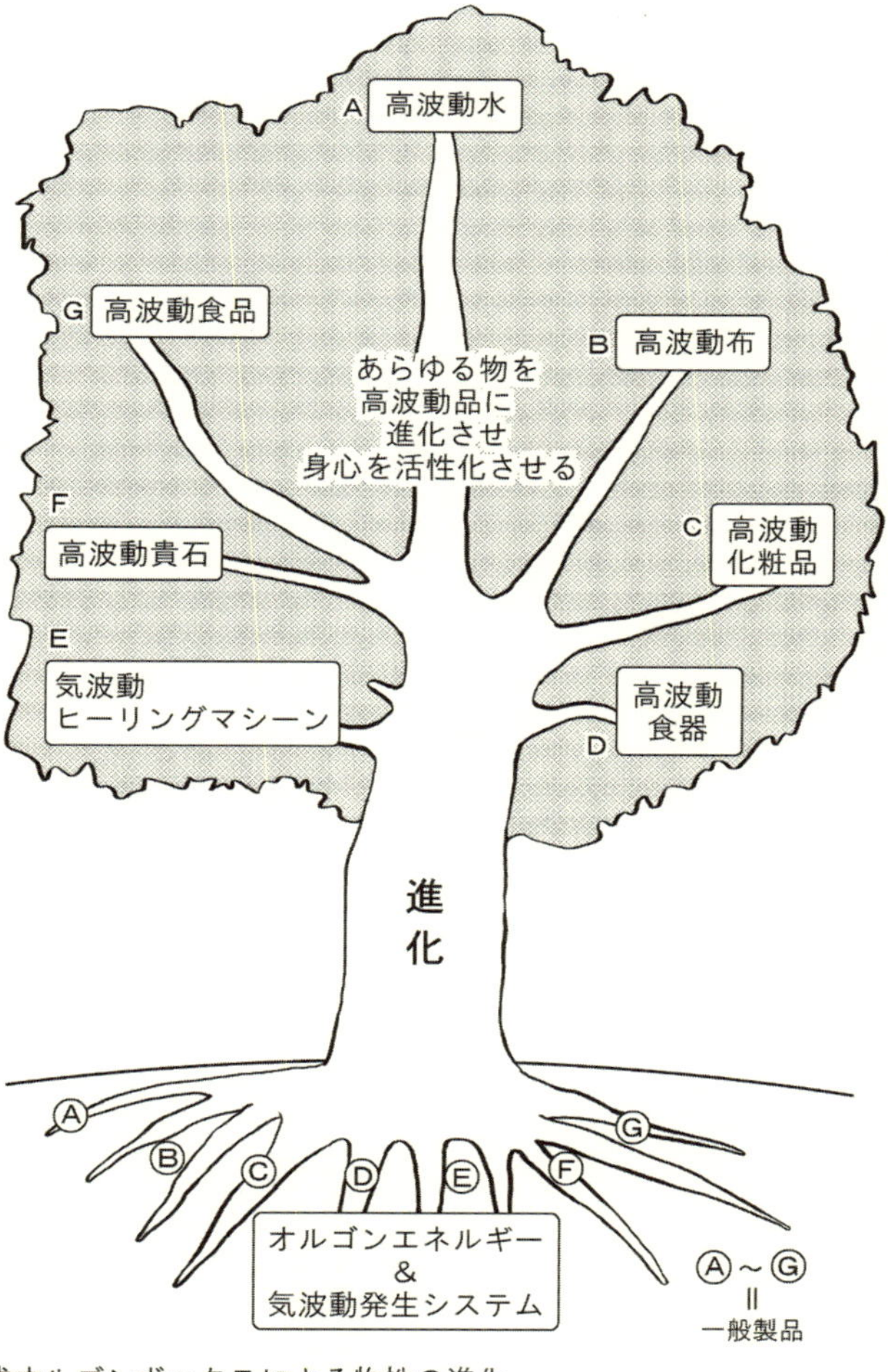

N式オルゴンボックスによる物性の進化

みなしています。もっと簡単にいえば「気」であり、その収集箱といってもいいでしょう。それをヒントにして、新たに西海式オルゴンボックスが開発されたのです。

本書では、とくに断らない限り、宇宙エネルギー、オルゴンエネルギー、気、プラーナなどは、地球を含めたこの宇宙空間に潜在している高波動エネルギーの、単なる呼び名の違いだと理解してください。

ドクター・オルゴンは、ヒーリングマシーンとして開発されました。西海式オルゴンボックスを小型化し、そこで発生したエネルギーをレーザーポインターで誘導できるようにした画期的なマシーンで、施術師の方々に驚きを持って迎えられたものです。

さて、実記の話です——。製作途中で、完成間近だったドクター・オルゴンから煙が出たばかりか、しかも、それが龍の姿になったというのです。さすがの私も、「錯覚じゃないの？」といって冷静さを促したのですが。

最初に見たのは義妹でした。びっくりして、そばにいた実記に「お姉ちゃん、火事！」と叫んだほどです。実記もすぐにやってきて、その煙を見たそうです。

二人が見守るなか、煙は見る間に形を整え始めると、拡散していた煙がスーッと一塊になったのです。まるでアニメで、魔法のランプから出た煙が魔人になるように。

それはまさに龍としか思えない形でした。尾らしき部分をピンと跳ね上げて、そのままフェードアウトしていったそうです。

九州の上空にも

シンクロニシティはそれからです。

その夜、私はまだ北海道で、オルゴンエネルギー製品の愛用者の方と夕食を共にしていました。その人がまた、たまたま長年にわたって龍を研究していたというので、そこで私が先ほどの龍の話をすると、驚いた顔でこういうのです。

「そういえば、今年、九州の上空で龍がよく目撃されているんですが、その特徴が、まさにその、尾をピンと跳ね上げた姿なんです」

実は、ドクター・オルゴンの原型が完成していたころから、私よりもはるかに気に敏感な人たちから、「ドクター・オルゴンの上に龍の鱗が見える」とか、「鱗は六角形をしている」という話をさんざん聞かされていたのです。だから、二重、三重の驚きがあったのでした。その後、彼らの一人に実記らの話をすると、「やっと見えましたか」と、淡々としたものでした。

さらに、この六角形の鱗を持った龍は、この十余年後、五章で紹介する奥聖《おくひじり》氏の写真とまたまたシンクロすることになるのですが、私にはそんな先のことなど予知する力はありませんでした。

シンクロする8の字

その後、私はドクター・オルゴンの上に立ったという龍を視覚化したいと考え、さらにそれを絵に起こして皆さんにお分けしたいと企画しました。

しかし、私のことですから、ありふれた龍の絵にはなりません。鱗は六角形にして、龍体の姿にはメビウスコイルに感謝を込めて、メビウスの輪を象徴させようと考えました。

その試作のデッサンをある人に見せると、意外な反応が返ってきたのです。

「これは、龍の元の字を象徴させているんですか？」

「元の字？」と聞き返す私に、彼は知識を披露してくれます。

「いまの楷書の〝龍〟になる前の、漢字の起源になる甲骨文や金文の龍の字は、ちょうどこんな感じなんです」と言いながら、デッサンの上を指でなぞって8の字を描くのです。

「それは偶然ですね」

またまた偶然です。知らないでこうしたんですか？と逆に驚かれる始末。

後にその彼から、中野美代子氏の『中国の妖怪』という本が送られてきました。その本によれば、龍にはもう一つ竜という字がありますが、竜の字は龍の略字だと思っていたら、古い字体はむしろ竜のほうだったのです。

竜の字の上部の「立」が角を表し、その下に釣り針のように、S字形または逆S字形の尾が生えていることを表すのだということです。

付箋が貼られた頁をめくれば、甲骨文字と金文の龍の文字を書いた写真がありました。尾の曲がり方や長短など、バリエーションがたくさんあり、なるほど、なかには尾がピンと跳ね上がったものもあります。

漢字は象形文字です。ひょっとして古い甲骨文字は、龍の姿を見た目どおりなぞったものなのかもしれません。見た目どおり？　そうです。つまり、龍は想像上の存在ではなく、本当に目にできうる存在なのだということです。

それは漠然とした思いでした。しかし、後述するように、十余年後にその裏付けを奥聖氏が運んでくれることになったのです。

∞は竜を表す

メビウスコイルに誘導されたドクター・オルゴンから、8の字形の龍が立ち昇る。それはそれで面白い偶然です。

8の字というのは、そのメビウスの形を表すのにわかりやすい形ということで用いただけで、とくに意味はありません。立っているから8の字にしただけで、横にすれば「∞」になります。無限大を表す記号です。龍を表すには、8よりむしろこの∞のほうがふさわしいでしょう。

なぜなら私は、視覚化された龍というのは、いわば一次エネルギーの「無限の」宇宙エネルギーが、気という目に見える形の二次エネルギーに転換した姿だと考えるからです。メビウスコイルに誘導されたエネルギーは、汲んでも尽きない無限のエネルギーなのです。

世の中には想像上・伝説上の動物がいます。例えば、麒麟・鳳凰・亀・龍の四霊。亀はともかく、麒麟や鳳凰の目撃談は聞いたことがなくても、龍はあります。古来より龍はあちこちで目撃されています。その意味では実在しているのです。

しかし、河童のように足跡を残すような生物（？）ではないと考えます。それはプラズマのような一種のエネルギーなのでしょう。

龍はまた湖沼に潜んでいたり、雨乞いに欠かせないカミであったりするように、水に関係します。ということで、気圧や水蒸気に関係のある気象上のエネルギーだとも考えられます。それも気の一種です。だから、実記たちが見たのは、同じモヤモヤしたものなら、煙というよりは湯気のような存在だったのではないかと想像します。

九年ぶりに電話をしたら、ちょうど相手も私に手紙を書いていた

さて、時は飛んで昨年の話。偶然の出会いがまたありました。

以前付き合いのあったSさんという編集ライターがおりまして、また一緒に仕事ができないだろうかということで、実に九年ぶりに東京の彼のもとへ電話をしたのです。

果たして覚えているだろうかと思いきや、意外にも「福岡の西海……」と名前を言う前に、「福……」の時点でわかったようです。まあ、私の声は特徴がありますから。

「ああ、先生！　実は私も連絡しようと思っていまして、いままさに手紙を書いていたところなんですよ」

彼が驚いたのは、九年ぶりということよりも、その偶然の一致でした。

「それは偶然ですねえ」

「シンクロは、先生のお得意ですからねえ。で、何か？」

「いやね、いま本を書き上げたところなんですけど、ちょっとアドバイスをいただけないかと思ったんですよ」

「ああ、それは残念です。せっかくですけど、いま私、編集のほうはちょっと休業していまして、実は石屋で修行しているところなんです」

「え？　石屋？」

こんどは私が驚く番。

「ええ、天然石です。パワーストーン。先生のことは雑誌の広告でずっと目にしていたので、忘れたことはありませんよ。そこで水晶も紹介されていたので、ああ、いまは石に関心があるんだなと。ということで、いろいろ情報交換できるのではないかと思いまして。いまは毎日水晶を触っています。まあ、水晶だけじゃないですが」

「なるほどねえ……」

しかし、私は石というより、原稿のほうで切羽詰まっていて、やはり編集ライターとしての彼に関心があったのでした。結局、こんど私が東京に出張したときはぜひ会いましょうということで、それっきりになっていたのです。

翡翠ルートが手に入る

それから、しばらくして、今年の一月に、急遽またSさんに電話することになりました。理由はもうおわかりでしょう。こんど急にパワーストーンの店をやることになったということです。それともう一つ。書き直した原稿がどうもしっくりこないので、やはり一度、目を通して、お知恵を拝借願えないかということです。

話の途中で、Sさんはこういいます。

「あれ？　手紙届きませんでしたか？」

またしても、ちょうど数日前にSさんは手紙を送っていたというのです。土日と祝日を挟んでいたので遅くなったようです。

手紙にはある企画が同封されていました。その企画というのは、ミャンマーで翡翠《ひすい》を加工して輸入し、当社が販売元になるというものでした。

なぜ翡翠かというと、まずはSさんの個人的な趣味があります。さらに、いまは翡翠で商品になるような石はミャンマーでしか採掘できないのですが、ミャンマーの鉱山主の家柄で翡翠製品を日本で販売している方と、たまたまSさんが知り合いになったということで、良質な翡翠を安価に入手加工できるルートが手に入ったからでした。

実は、私も翡翠には関心があったのです。しかし、翡翠は染めたものが多く、日本人が現地で調達しても、まがい物をつかまされることが多いということで手が出せないでいたところでした。本物で安価なら、こちらとしてもちょうどよかったわけです。

当然ながら、Sさんは新規開店の羅針盤舎のほうには大いに関心を示してくれたものの、編集ライターのほうには、相変わらず心動かぬ様子でした。

それはともかく、ショップも見たいということで、Sさんはそのミャンマーの丁さんと一緒に訪れてくれたのです。

晴朗な気に満ちた店内

まずは、開店前の何もない店へ二人を招きました。

「いやあ、広いですねえ。それに、何かこう、すがすがしいです。明るいのは、照明の問題だけじゃない気がします」

Sさんは一通り店内を見回して、感想を述べます。

それはそうです。パワーストーンのショップなのですから、雰囲気が暗かったら話になりません。それ以前に、ヒーリング装置のメーカーであり、その顔ともなる空間なのですから、そこには最低、すがすがしい気が流れていなければいけないでしょう。もちろん、店内には、悪い波動を浄めるオルゴンエネルギーが満たされています。

一度ここへ足を踏み入れた人には、すがすがしい気を十分に味わって、晴れ晴れとした気分になってもらいたい。それが私たちのおもてなしです。茶の湯でいうなら、私たちは亭主。たとえ一期一会の客人であっても、万全を尽くします。そういう気持ちで接すれば、たとえ記憶には残らなくても体が覚えていて、また足を運びたくなります。

店のスタッフも新しく採用したのですが、ファストフードの接客マニュアルのような、お定まりの店員教育など一切していません。私はただ、人ってこうあるべきだよ、こうされるとうれしいよね、なんていう、たわいもない話をするだけです。人と人とが関わり合ううえでのごく当たり前の思いやりや気配りさえあれば、「ありがとうございます」やお辞儀の練習などいらないのです。だから、ウチのスタッフは、いらっしゃいませの掛け声は、どこかのファストフード店よりヘタかもしれません。でも、どなたにでも親身に応対しているはずです。

翡翠製縄文香炉

脱線しました。話を戻しましょう。

「それにしても、Ｊさんのルートが手に入ったというのはわかるけれど、石はたくさんあるのに、どうして翡翠なんですか？」

元々編集ライターのＳさんがどうして翡翠に魅了されたのか、石好きの私にも興味があります。

「まず、翡翠は日本の原点の石なんですね。七千年前の縄文人が、既に翡翠を加工しています。ひょっとして、人間に見出された世界初のパワーストーンっていうのは、縄文人の翡翠なのかもしれません」

Ｓさんは、なんとなく自慢げに答えました。

「勾玉《まがたま》もありますしね」

私も勾玉の本場の島根に行って、あれこれ見学していたのでした。

「ええ。古事記では、天照大神も勾玉を身に帯びていることが書かれています。でも、あの形が何に由来しているのかは謎です。私もまず、勾玉っていったい何だろうっていう疑問から始まったんです。翡翠の前にまずは勾玉」

「勾玉と翡翠はセットなんですよね」

「はい。勾玉イコール翡翠。日本の翡翠は糸魚川産だったんですが、奈良時代になぜか翡翠が利用されなくなると、翡翠と一緒に勾玉は歴史から消えてしまうんですね。で、一九三八年になって糸魚川で翡翠が再発見されるまで、千数百年間、なぜか日本で翡翠がとれるということすら、すっかり忘れ去られていたんです」

「Sさんも翡翠で勾玉を作りますか？」

ミャンマーに発注して、三種の神器にふさわしいような、大型の勾玉でも作るつもりなのか。

「それもいいですけど、パワーストーンで勾玉はありふれています。実は、香炉を作ろうと思っているんです」

「ほう、香炉？」

なるほどと私は思いました。パワーストーンは使っていると邪気がたまるということで、それを浄化するための方法として、水晶クラスターに乗せたり、香で浄めたりするのが、この天然石の世界ではポピュラーになっています。そういう石の浄化用の香を炊くための香炉かと思ったら、そうではなかったのです。

「でも、ただの香炉じゃ面白くないので、縄文土器を模して作ります」

「ああ、縄文土器か、なるほどねえ。翡翠もそうだし、火焔土器が最初に発見されたのも越の国だものねえ」

「世界で初めて土器を作ったのが縄文人です。翡翠を初めて加工したのも縄文人。それを合体させたら面白いかなと」

そういえばSさんは、以前、縄文をコンセプトにした小説も書いています。縄文は彼のテーマなのでしょう。私も縄文土器のあのうねうねした造形を見れば、何か古い血が騒ぐような不思議な気がしてきます。

「それはぜひ見たいですね」

縄文護摩香炉

「気は見える人と見えない人がいますけれど、香はだれでも嗅げるし、煙も見えます。それもまた気そのものです。翡翠の気に共鳴した香りと煙が部屋に満ちます」

「香りは脳に直接届くしね。いいアイデアです。そうですね、古い深層意識を刺激するかもしれない」

私たちの深層意識には、古代人の記憶が眠っています。科学に毒されず、自然とともに生きていたスピリチュアルな魂の発信源がそこにあります。その深層意識にこそ、祈りを実現するパワーが秘められているのです。

「香炉を考えたのは、それだけじゃないんです。先生の本の『波動物語』に護摩の話が書いてあったでしょう？　あれが参考になったんです。確か、小見出しのタイトルが『護摩壇いらずのオルゴン修法』でした」

「なるほどね」

私には、彼の言わんとしていることがよくわかりました。また、その香炉をどう使うのかということも。彼が参考になったという部分をちょっとまとめてみます。

ポケット・プラーナのたくさんの体験談から私が思ったのは、オルゴンエネルギーの効能は、密教の「四種法」と似ているということです。

四種法というのは、護摩による祈願のための修法のことで、その目的（祈願内容）によって、「息災」「増益」「敬愛」「調伏」の四つに分かれています。具体的な祈願内容はこうなります。

息災——病気平癒、安産、身体健全

増益――商売繁盛、学力増進
敬愛――恋愛成就、良縁成就、夫婦円満
調伏――怨敵退散
この四種法は護摩を焚いて祈願します。護摩というのは、供物を火炉にくべて、願望の実現を仏に祈願する修法です。
これは、古代ペルシャやインドから連綿と続いている祭祀儀礼です。古代人は、供物を炎にし、煙や香りにして天に上らせ、神仏に届けることによって、その加護がいただけると考えていました。護摩は、神に貢ぎ物を届けるための宅急便であり、通信機です。
ポケット・プラーナは、いわば護摩壇もいらず、火も燃やさずに、四種法と同じ効果を発するのです。

「つまり、香炉を護摩壇代わりにするということなんですね」

改めて私は、彼の言いたいことを口にしました。

「そうです。でも、炎は出しません。紙か葉の広い香草を護摩木代わりにして、そこに祈願文を書いて、香と一緒にジワジワと燃やします。そうやって願いを天に届けるんです。先生の言うように、翡翠の気や縄文紋様は、私たちの深層意識に眠っている古代人の意識の炎を喚起してくれて、いっそう祈りを現実化させます。護摩は、護摩法の作法にのっとることで精神が集中します。それと同じく、香炉に恭しく向かって香を炊くことがポイントです。しかも、そこにポケット・プラーナなんかあったら完璧です」

願いを文字に認《したた》めるということだけで、現実を呼ぶ力は生じます。加えて、火と煙と香り、さらには翡翠の気に縄文紋様という形のパワー、それらによって、いわゆる変性意識を導き、深層意識を開示して祈りのパワーを拡大するという、贅沢な趣向でありました。

香炉のデザインにたまたま彫られた∞模様

五月、出来上がった翡翠香炉の試作品を携えて、Sさんはまた東京からやってきました。

「ほう……。この8の字というか、無限大記号の渦巻き模様だけど……。これは意図してこの形にしたんですか？」

私はそれを手にとって、しげしげと眺めました。そこにはまた、あの∞の渦巻きがレリーフされているではありませんか。

「あ、それはたまたまです。デザイナーに、縄文土器を模して作ってくれということで一任したので……。でも、その無限大記号の渦巻きは、縄文土器によく出てくるパターンなんですよね。私の好みの渦巻き模様が入っている土器の写真を、デザイナーに資料として渡しましたけれど、そういう形にしたのはデザイナーです」

Sさんはわざわざ、縄文土器の資料を見せてくれます。参考にしたという土器の写真を見れば、確かに∞状の渦巻きが彫られています。

それは縄文人も見ていた光の形象か

偶然の一致は、この石にかかわる一連の物事だけではなく、ほかにもありました。

ずっとアトランティスのことを考えながら、オフィス近くの書店の地下に息子を探しに行ってみると、ふと目に飛び込んできた漫画本があります。「海底に沈んだ〝日本のアトランティス〟瓜生島を求めて」という帯の文句が注意をひいたのです。そこに収められた三編の中の一つが、『失われた島』というタイトルのその話でした。

漫画家は星野之宣氏。漫画本などめったに読まない私が、帯につられて購入してみると、慶長の昔、大分県別府湾に、一日にして地震で沈んだと伝えられている島があるということで、その沈没伝説の謎へアプローチする、なかなか面白い話でした。実は、私の興味をひいたのは、「日本のアトランティス」というだけではなく、それが別府にあったということです。というのも、女房の実記は別府の生まれだからです。

Sさんが縄文に関する小説を書いているといいましたが、実はその小説というのが、なんとその漫画の主人公である民俗学の教授を借りた、小説版のオリジナルストーリーだったのです。九年ぶりに電話をかけた後で、たまたまそれを知って驚きました。二人は高校からの友人だったのです。

さらに、偶然の一致はもう一つ。五章で紹介する奥聖氏の写真に、まさに翡翠香炉にレリーフされた∞のデザインとそっくりな、∞模様の渦巻きが写っているのです。

私はこう思います。縄文土器の縄目や渦巻き模様というのは、何かの象徴でもなんでもなく、縄文人が実際に目にしていた光の形象なのではないか、と。空間に湧出するエネルギーが、目に見える気として実体化したのを見ていたのではないか。それをただ模写していただけではないのか、と。

つまり、あの火焔土器というのも、実際の炎なのかもしれないけれど、それもまた光の形象なのではないか。

さらに、奥聖氏の写真には、奥氏が龍だという形象が写っています。確かにそれは大きな蛇体のようにうねっていますし、私もそれは龍だといっていいと思います。

またその龍体は、奥氏が「神紋」と呼ぶ、渦を巻いた卍のような小さな形の群れで構成されていることがあります。しかも、その神紋をよく見れば、どうも六角形や七角形にも見えるのです。そうです。まさに、ドクター・オルゴンの上に立った、六角形の鱗を持つ龍というのが、ここでもまたシンクロしてくるのです。

おそらく縄文人は、奥氏のカメラに感応するのと同じ光の形象を見ていたに違いない。こんなに重なり合う偶然の一致を前にすれば、だれでもそんな奇説を打ち出さざるをえなくなるでしょう。

フーチで情報を引き寄せる

さて、偶然の海にアンテナをピンと張って、その受信感度をよくするだけではなく、こちらから偶然の海にアクティブにソナーを打って情報を得ようというのがフーチです。フーチが聞き慣れないなら、ダウジングといえばわかるでしょうか。ますますわからなくなりましたか？　じゃあ、昔、五円玉を糸でつるして、その動きによって占いをしたことはありませんか、と聞けばおわかりでしょう。

パワーストーンショップには、五円玉の振り子（ペンジュラム）の代わりに、たいがいクリスタルポイント製の振り子が売られています。つまり、軽く手で持てる程度の振り子なら何でもいいわけです。

実は私も、かつて東京のレディスファッション店で店長に就いたおり、「企業幹部能力開発センター」なるところに通わされ、精神集中特訓法ということで、この「五円玉振り子」を仕込まれていたことがありました。私は早速それを店で実践し、売り場の構成から売れ筋予測を五円玉に尋ね、たったの一年で、年商三千万円から、なんと三億二千万円まで伸ばしたという奇跡的な体験があるので、その効能はよく承知していたのです。

では、糸につるした五円玉で、その原理をお話しします。その糸の先端を親指と人差し指でつまんで、右に回ればイエス、左に回ればノーと設定します。で、自分でいろんな質問をして、その反応を答えとするわけです。

五円玉をただじっと垂らしていると、やがて自然に動き出します。自然にというのは、無意識にという意味です。

つまり、これは自分の潜在（深層）意識に尋ねるというのが原理になります。そこには、まず大前提として、人の個々人の潜在意識は、世の中のあらゆるものに通じているという考えがあります。だから、なくしたものがどこにあるかも答えてくれるのです。

ダウジングは、水脈や金属だけに反応するガイガーカウンターのようなものに思われるかもしれません。でも、このフーチというのは、まさに人体から何らかの波動を出して、その反射波によってそれが何かを解析するという、レーダー（探知機）のような仕組みに思えます。

いずれにしろ、振り子や、Y字やL字のロッド（棒）の動きに答えが現れるということですが、あくまでそれは自分が動かしているわけです。ただし、無意識的に。潜在意識が、いわば電波とアンテナです。また、探知機を動かすモーターが無意識の筋肉の動きであり、振り子やY字ロッドが最終的な探知機のメーターになるわけです。

「バイタルサーチ」誕生

実は、私たちも新たにフーチを作ることになりました。といっても、西海式フーチはちょっと異色です。「メーター」は、振り子でもロッドでもありません。万年筆よりも二回りほど太い大きさのスティックに、長さ三十センチ程度の弾力のあるピアノ線を伸ばします。それによって、スティックをただ握っていれば、ピアノ線の先を上下水平、どこに向けていても動いてくれるので、使い勝手のよいフーチとなりました。

その試作中のことです。スティックもピアノ線も、ちょうどいい材料は調達できたのですが、ピアノ線の先端につけるヘッドになる材料がどうしても見つかりません。それが五円玉や水晶に当たる肝心な部分です。ネットで探してもダメで、わが女房殿が、それじゃあということでフーチに挑戦します。

ヘッドなしのピアノ線だけの状態のフーチを上に向け、ピアノ線をクルクルと回し始めて間もなく、彼女の様子が変わります。実記は催眠状態に入りやすいたちで、このときもあっという間に夢遊病のような状態になりました。スティックにピアノ線のフーチは、そのときの彼女にとっては、意識の深層に降りていくための小道具にすぎなかったわけです。イエス・ノー式の探索ではなく、直接深層意識の中から目当ての物を探していきます。

「あった！　私のデスクの引き出しよ！」

突然、彼女は叫び、それをきっかけに現実に戻りました。

新たに開発する波動装置に使えると思われる材料は、目についたときに購入しています。数年前に、何か他の製品のために仕入れていた材料の中で、ちょうどいい材料があったということで、再発見という感じでしょうか。

ということで、わが社のフーチは、サーチ（探す）を強調して「バイタルサーチ」と命名。さらにこのフーチスティックを工夫して、強力なオルゴンエネルギー発生装置の「バイタルウェーブ」に接続できるようにしました。つまり、エネルギー発振も可能にして、ヒーリング作用も持たせたのです。五章で紹介する施術師の山脇先生は、これを用いて施術効果を高めています。とくに、「霊的な障害」には効果が大きいようです。

なくした鍵を探し当てた

女房殿のこの例は、フーチというより、ただフーチの振り子を持ったというだけで、忘れていた自分の記憶を蘇らせただけじゃないかといわれても否定できません。それでは、記憶とは無関係に探しものができる例を紹介しましょう。この才能は、どうやら一人息子の勇志にも受け継がれているらしいのです。

去年、私はビルの鍵をなくしてしまい、どこを探しても出てこないときがありました。ポケットから落としたのだと思って、外出先をあちこち回ってもなかなか出てきません。ビル内もくまなく探しました。

じゃあ、ぼくが探してみるということで、勇志がバイタルサーチを手にしたのです。母親の血を引いているとはいえ、さすがにスティックを握っただけで深層意識にまで降りていくことはできません。それでどうしたかというと、ありそうな場所を紙に羅列して、しらみ潰しにイエスかノーで判定していったのです。それが一番合理的な方法です。で、最終的に、ビルのどこそこの部屋にあるよ、と断定するのでした。

「そこになんかないよ、一番最初に散々探したんだから」

私が、まるで子どものように首を振ると、実にさりげなく「絶対あるよ」と言うのです。どっちが大人かわかりません。さらに、部屋のどこそこと、ピンポイントで限定します。言い張るのでもなく、もう目に見えてでもいるように。そこまで言われては、また探さざるをえないでしょう。そして、探してみたら、あっけなく出てきたのでした。老いては子に従えという言葉が頭に浮かんだりして、ちょっと苦笑いです。

話してもいないのに

私たち夫婦は、以前から形が持つパワーについて大きな関心がありました。そのパワーの象徴的存在に六角形があります。この六角形については、自然界によく現れる形として、雑誌や単行本でもよく紹介されています。

女房殿と出会って間もないころ、六角堂という名前の店を一緒に作って、生活用品を何でも六角形に作って売らないか、という提案をしたことがあるくらいです。提案、それを英語でいうとプロポーズになりますが、それも一種の俗っぽい意味でのプロポーズでもあったのでしょう。

二年ちょっと前に、ふと、「七角形はパワー的にどうなんだろう」という考えが浮かびました。しかし、多角形のパワーについての文献は六角形どまりで、七角形についてはまったく見当たりません。そこで私たちは、七角形の製品を作ろうと考えたのです。世の中にまだないというのは、それだけで価値があります。

そうやって最初に出来たのが、水晶製の「七芒星水晶」です。これは、外形が七角形であると同時に、それに内接させて七芒星がカッティングされています。ということで、七芒星の名をつけました。

この七芒星の後、七角形のボックスを作ってみたいと考え、すぐに企画のスタッフと相談したら、既に彼は私の構想と同じボックスを試作していたのです。七角形のパワーについて抽象的な意見交換はしていたものの、ボックスのことなど一切話していないにもかかわらず。偶然の一致ですが、私が発想した翌日に出来ていたということには驚いていいとしても、ボックスを作るという発想自体は、オルゴンボックスを製作している当社なら、さほど珍しいことではないでしょう。

私がビジョンに見たΨは波動関数の記号だった

その後、そのスタッフから、試作のボックスではどうもパワー的に納得がいかず、改良の余地が大いにあるとの報告がありました。そのとき、なぜか私の頭に、ぱっと浮かんだイメージがあります。そのイメージに不思議を覚えつつ、帰宅してから実記に「こんなものが見えたんだよ」と、それを自分の体で再現してみせます。

どうしたかというと、ポセイドンの三叉の鉾のように、ピンと背筋を伸ばして、両腕を上に伸ばしてみせたのです。そのとき、自分では気がつかなかったものの、私の手先は「気をつけ」をするように真っ直ぐ伸びていたのではなく、外側にちょっと開いていたようでした。その曲がり方が実記には印象深く目に映ったようです。

「それって、プサイじゃない？」

私のポーズがおかしかったのか、実記はくすくすと笑いながらいいます。プサイ？　と問う私に、生き字引の細君は答えてくれます。ギリシャ語のアルファベットの一つなのだと。愛用の電子辞書で調べたら、確かに最後のΩ（オメガ）の前の、二十三番目の文字でした。また、面白いことに企画スタッフも、プサイは波動関数を表す記号だということを教えてくれたのです。そんな知識など私にはまったくなく、ただただ感心するばかりでした。さらに、プサイ（Ψ'）の＊数価は七〇〇だということで、それもよく出来た話です。

そういう経緯があって、七角形の「エヴォリューションボックス」には、図柄としてΨが描かれることになったのです。もちろん、それによって私たちが満足するパワーになったのはいうまでもありません。このボックスは、オルゴンボックスと同じように活用できます。つまり、その中にモノを入れておくことで、オルゴン波動を付加することができるのです。

＊数価——古代ギリシャの数記法で、α'は1、β'は2、というように、アルファベットに数字が対応されます。

もはやそれは聖なる祠

しかも、うれしいことに、霊能力の強いある神主さんはこう言ってくれたのです。

「波動製品というより、これはもはや聖地の社《やしろ》や祠《ほこら》と同じ存在になっていますね」

モノを入れて、実用のエネルギー転写ボックスとして活用するなんてもったいないという話で、神棚にでも祀っておくべきものだというのです。

確かにセミナーで、それまで気が見えなかった人でも、ボックスからわき出るエネルギーが見えるようになった人が続出していたのでした。

それが完成されてから、エヴォリューションボックスから出るエネルギーだけではなく、他の製品のエネルギーや、「気」を感じられる人が増えたのは事実です。なんだか、日常の中に精妙な波動の世界の入り口が開かれたような、そんな印象を受けています。そう、その向こうに、緑濃い老杉《ろうさん》と玉砂利が続く鳥居が、急に立ち現れたかのような。

粗い物質世界の奥にある精妙な波動の世界に気づく。それは意識の進化（エヴォリューション）だと思います。七角形には、物質的な殻を破って魂を覚醒させるパワーがあるのです。

そもそも七には、そういう意味が秘められています。進化のキーワードです。ということで、七角形をコンセプトにして開発した製品には、みなエヴォリューションの名をつけました。

ボックスは緑色がベースになっています。そのカラーリングも色彩学的な意味があります。緑といえば翡翠。Sさんとともに訪れたミャンマーのJさんに、早速、私は翡翠で七芒星が作れないかと注文すると、快諾してくれました。元々翡翠は、中国ではお守りの石として伝統的に尊重されています。七芒星とどんな相乗効果が生まれるのか、出来上がりが楽しみです。

そうそう、Sさんにこのエヴォリューションボックスの話をしたら、

「祠ですか……。それはすごいですね。ポケット・プラーナもいいですが、だったらエヴォリューションボックスを立てて、その前で縄文香炉で香を焚いたら完璧ですね」

と笑っていました。

有益な偶然に気づいたときは気持ちがよくなる

私はよく皆さんから「どうして七角形のパワーに気づいたんですか？」との質問をいただきます。私の回答はいつもこうです。

「身の回りに七角形がなかったから。それだけのことですよ」

そういうと、先生は謙虚ですねえ、という話になるのですが、実際そうなのです。謙遜でも何でもない。

しかし、ここまで偶然の話をしてきたわけです。その脈絡からあえていえば、こうなりますか。

身の回りを見わたせば、「たまたま」七角形がなかったから。「たまたま」私がそれに気づいたから。そういう偶然が重なっただけなのです。で、その結果「たま出版」からこうして本が出ているわけです。

そんな「たまたま」は、私のほかにも大勢の人が体験しているでしょう。もし私がみんなと違うのだとしたら、その「たまたま」に気づいたとき、まずはよく「たまげ」ます。センス・オブ・ワンダーです。そのあとエンドルフィンがどっと出て、気持ちがよくなるのです。で、「たまらんなあ」と、人よりじっくり、その僥倖《ぎょうこう》を楽しみます。それがまた、「たましい」の活力になるのですね。

私の「偶然力」はどこからきたのか？

私についてまわる「偶然力」は何なのか。いったいそれはどこからくるものなのか。この年になると、しばしばそれを考えます。考えても、なかなか答えは出ないのですが。しかし、それについて考えなければ、それが結局、運命《さだめ》なのさ、ということにでもなりかねません。こういう人生になることは、前々から決まっていたのだと。

確かに、運のおかげではあります。ただ、それは受け身の偶然の運ではなく、「自分で引き込んだ」幸運なのです。だから、必然ではないのです。決して運命《さだめ》ではありません。

ポケット・プラーナを開発してからは、生活空間に宇宙エネルギーが満ちる場が常にありました。ポケット・プラーナから発生するエネルギーは、愛用者の皆さんから多数寄せられる感謝の手紙やメールなどで、それは人の意識を拡大するものだと理解しました。ということなら、そのメーカーの私たちが幸運にならなくてどうしましょう。夢（ビジョン）が実現しなくてどうしますか。

しかし、それでも、そのポケット・プラーナを開発できたという幸運はどこからきたのか？　十七時間もガスを吸い続けていて、死ななかったのはなぜか？　その謎は残るのです。

私にわかることは、明らかにいまの私は、子どものときからの願望が実現しつつあるのだということ。確かなのはそれくらいでしょうか。実現したというと、先がなくなるので、ここは「実現しつつある」と進行形にしておきましょう。ショップを持てたことがゴールだと満足していてはいけませんし、夢はまだまだたくさんあります。

いつも心に野心を

自分の熱気の源を探れば、自覚できるのは、自分自身の吃音だったときのコンプレックスと、優等生の長兄への憧れです。兄は、十分東大に入れる成績だったのに、講義を受けたい教授がいるということで、あえて東京教育大に入った男でした。成績の悪い私は、それがどんなにカッコいいと思ったことか。

東京の彼の下宿は本で埋もれていて、いつも友人らの青臭い議論で賑わっていました。その姿を見ながら、私もいつかそんなふうに本に囲まれて、みんなと哲学的な議論をかわし、大勢の前でスラスラと話をしたいと思ったものです。

いま私は、自宅マンションの階下に、書斎用に別に一室を設けています。そこで一人で原稿を書くことが、苦しい作業ではあるけれど、なんと楽しいことか。本に囲まれるどころか、自分の本を何冊も出版し、定期的に開くセミナーでは長時間講義をしています。同じく何冊も本を書いている、アカデミックな教育学者の兄とは違って、私の講義はほとんど漫談ですが。

講義といえば、右脳教育の先鞭《せんべん》をつけられた七田眞先生には、ご存命中、先生のセミナーに講師として招かれたりして、大変お世話になりました。七田先生の端然としたご講義には、受講者の皆さんもまた、きちんとノートをとられていて、さすがだと思ったものです。けれども、私が壇上に立ってもノートをとられるので、私はよく「ノートは七田先生だけでいいです。私の話は漫談なんですから、ノートなんてとる必要ありませんよ。何か一つでも役に立つ話があれば、それを家まで持って帰っていただければそれでいいんです」と恐縮するのが毎度のことでした。

まあ、気取る話でもなく、とにかくごく単純に、いつか兄ちゃんに追いついてやる、吃音の私を笑ったやつらを見返してやる、何クソ負けてなるものか、というガッツが原動力になっていただけだった気がします。私から野心をとれば何も残らないでしょう。

いつか見てろよおれだって、なんていう負けん気はだれにでもあるはずなので、あまり参考にはならないかもしれません。ただ、一つだけ考えられるのは、将来成功している自分の姿をしつこく心に描いて、それを、いわゆる潜在意識にまで染み込ませていたことです。

幸運の女神は意外に近くにいて気づかれるのを待っている

私には人とは違う不思議な能力があると思われているようですが、超能力や霊能力、気功などという点では、さっぱりです。

ただ一つ、特異なのは、予知能力（？）なのかもしれません。それにしたって、自分では特異だとも思っていないのです。それでも、それがどういうときに発揮されるのかと考えてみると、いつも何かしら気分がいいとき、高揚しているときでした。人からおだてられたりして、何か晴れやかな気分で女房殿と外を歩いているときに、そんな奇跡の時がやってくるのかもしれません。

しかし、ちょっとのろけさせてもらえれば、五十二歳で無一文で結婚した私にとっては、そうやって二人で歩いていることだけでも奇跡だという思いがあるのです。この幸運に感謝せざるをえないのです。

私が言えるのは、ありふれた話ですが、諦めたらおしまいだということ。幸運の女神がやってきたら、その前髪をさっとつかまえなければいけない、というポピュラーな言葉があります。幸運の女神はそうそう何度もやってこないし、逃げ足も早いという意味でしょう。

でも、あえて私はこういうことにします。偶然の女神は、いつもだれにでも平等に幸運を運んできているので、気づけばいいだけなんだよ、と。それを信じて、意識を凝らしていることが大事です。幸運の女神は意外に近くにいて、気さくで、気づかれるのを待っています。

三章　運を悪くする霊障

――私が知った恐怖の霊現象

私も黒い影を見てしまう

私たちのもとには、毎日いろんな悩み相談が寄せられます。健康問題のほかに、最近とみに増えているのは霊的な問題、いわゆる霊障です。この相談は、相談全体の約六割にもなるでしょうか。

その相談例を集めると一冊の本になりますが、頁数もあるので、ここでは最近の印象深い例をちょっとだけあげておきます。

その前に、まず自分の体験を語っておきます。女房殿と一緒になるまで、私に霊が見えることはありませんでした。霊的体験ゼロです。結婚後に頻繁に見えるようになったわけでもないのですが、どうやらあれがそうだったのか、という体験はしています。自分が目にしたのは、それが初めてでした。

以前住んでいたマンションでのこと。夜の十二時になると、七歳の勇志が、しょっちゅう「お姉ちゃん、遊びに来てるよー」と言うのです。私たち家族三人のほか、だれもいるはずはありません。鈍感な私は、子どものことだから、何を寝ぼけたことをと気にもしていなかったのです。でも、実記はこう言うのです。「もう遅いから帰ってもらってねー。

またねーって」。そう言うと、素直な女の子らしく、勇志は「あー、帰っちゃったぁ」と言って見送ります。

私は女房殿に感心しました。さすが母親。なかなかうまい対応です。子どもの自尊心を傷つけることなく、おとぎ話に付き合ってみせるとは。そんなふうに思っていたら、そうではなくて、実記もまたそのお姉ちゃんが見えていたのでした。自分が怖がっていたら子どもに不安を与えます。そこであえて平気な顔をしてみせていたのだということで、なおさら見直したものです。

まあ、とくに悪さをするような感じでもないらしく、そのまま放っておいたら、こんどは実記までが、こんなことを言い出します。

「お風呂にね、いつも男の人たちが三人くらい先に入ってるんだよね」

さすがに女房ともなると、私も「もう遅いから帰ってもらってよ」と冗談を返す気にはなりません。それでも、何も感じられない私としては、まともに取り合わず、うやむやにしていたのです。ゴキブリなら叩いてもやりますが、見えない男をどうやって叩けばいいのか。

ところがある日、私がリビングで寝そべってテレビを見ていたら、風呂の隣の部屋からキッチンを通って別室に移動する実記の後ろを、黒く丸いかたまりがついていくのが見えてしまったのです。ギョッとして私は目を凝らします。なんだ、いまのは⁉　すると、私の視界から消えていた実記がすぐに引き返してきて、こう言うのです。

「見たでしょ？　いま私の後ろからついてきたのを」

やっとあなたもこの世界に気づいたのね、というところだったでしょうか。ただし、彼女はそれを、黒いかたまりではなく、白いかたまりと言ったのですが。光線の加減で違うように見えるのかもしれません。

はい、見えました、とはいっても、やはり私はせいぜい黒いかたまりが見えた程度のもの。ぼんやりとでも、人の姿が見えたわけでもない。それに、時間がたてば忘れます。さすがにいまは、霊的な存在を認めているとはいえ、実感としてはまだまだです。

組織の長が霊障を受ければ組織も失調する

気持ちが悪いだけならまだいいとしても、問題は実害があったことでした。実はそのとき、会社の業績が落ちていて、問題を探しても原因がわからず悩んでいたのです。考えてみると、業績が落ちたのはそのマンションに引っ越してからです。そこに関連があるという証拠はないものの、そう考えざるをえませんでした。

実はそういう体験は私たちだけではなく、隣家でもカーテンを開閉するたびに、人の顔が窓に貼りついて気味が悪いと言っていたのです。そのうち、体格のよかったそこの奥さんが見る間に激やせして、とうとう入院してしまうありさま。

自分が黒い影を目撃したというのも何かのシグナルかなということで、思い切って転居してみると、とくに営業努力をしたのでもないのに、それを境に業績はまた上向きました。

この因果関係に合理的な説明はできません。しかし、例えば社長がそのような霊障が生じる家に住んでいれば、会社の業績が悪くなるということは、私たちに寄せられる相談からいって、統計的な事実です。

ワンマン会社なら、社長が霊的な障害を受けて心身が失調すれば、それが会社の業績にマイナスになるのは明らかです。でも、それだけではありません。そういう実務的な問題のほかに、組織のトップが失調すると、何か物理的な因果関係を超えて、組織そのものも失調することになるのです。

社長が単なる事故や病気なら、この法則は当てはまりません。しかし、どうも霊的な障害を受けたときには、会社までがぐらつくことになるようです。というか、社長宅の場としての波動レベルは、会社に反映されるというのが実感です。そういう意味で、社長宅は会社のひな型です。会社の業績を上げるには、社長はまず「いい場」に居を構えるのが鉄則です。

モダンな新築家屋でも場が悪ければダメ

さて、最近の相談例です。一つ目は、東京の高級住宅地に家を新築した方の話。

ご主人が有名会社の管理職で、経済的には非常に恵まれていました。家を新築しようと思っていたのですが、ちょうどご主人が出張のおり、不動産屋から出物があると言われて、モノは悪くないし、ロケーションもいいということで、独断でその物件を買ったのです。ただし、問題は価格が極端に安かったこと。それも、デフレのせいかということで気にはならなかったようです。

相談は、書斎の窓から覗く男がいるので不気味だというものでした。病気になったとか、悪いことが起こるというところまではいかなかったので、まだマシなケースではあります。

当社の番頭格の男まさりの田中君（まだ若い女性なのですが）と二人でお宅に出掛けました。

さすがに家自体は新築で、南面は日当たりがよく陰気な感じはしなかったものの、裏に回ると一帯がうっそうとした雑木林で、ジトーッとした印象を受けました。

そのとき、面白いことが一つ。お宅に向かう私の背後から田中君が連続で写真を撮っていたところ、私の背中に三角形の白いもやが写っていたのです。お宅に近づくにしたがってそれがだんだん大きくなり、玄関を開けるときには、まるでバリアーのように私の全身をすっかり包んでいたのでした。いったいそれは何でしょう？

玄関を入ったとたんに、田中君は足が痛くなり、半地下のガレージではさらに足が感覚を失うほどの疲労感を覚えます。霊は見えないとはいえ、彼女は敏感体質です。私が某所で花火を撮ったはずなのに、なぜか巨大な顔がうつりこんでいた写真を見せたとたん、右腕が腫れ上がるというほどですから。

なかなか豪華な内装でした。私たち庶民とつくづく違うなあと思ったのは、どこもかしこも、まるで不動産の広告写真そのものといった感じで、シンプルに片付いていることです。そういう意味では、陰気な霊が住み着くにはまるで不似合いなモダンな空間でした。しかし、新築でピカピカのモダン家屋でも、どうやら霊のバリアーにはならないようです。問題は土地です。

さて、人が覗くという書斎の窓を見れば、そんなはずはないことがわかりました。というのも、書斎は二階にあり、何の取っ掛かりもないので、ハシゴでもかけなければ顔を出すのはまず無理。

処置は簡単でした。私たちには、場の浄化にとくに有効なエネルギーを発生させる「恩光」という装置があります。それを一台設置して、様子を見てくださいといって帰ってきました。それだけで、不思議な現象はピタリと収まって、奥様からは、これでやっと新築の家に住める気がすると感謝されました。

土地の過去を調べれば、何らかの因縁話が出てくるとは思いながらも、怖がりな奥さんは、あえてそれは調べなかったとのこと。当社を頼ってみて、それでダメなら調べようと思っていたと言いますが、幸い、恩光が土地に刻まれた悪い波動を取り除いたのでした。

怪鳥の爪に襲われる

次は、あまり聞いたことのない話です。霊というより、モノノケか何かのオカルト的な話ですが、それもまた霊的障害ではあるでしょう。

相談者は六十代半ば、大阪の建築関係の会長さんで、一見して豪胆に見えます。決して霊に怯えるようなタイプではありません。そういう人が、わざわざ当社を訪ねてこられるのです。

「どうにかなりまへんか、これ……」

挨拶もそこそこに、会長さんはさっさと服を脱いで上半身裸になりました。説明するより、そのほうが手っ取り早いと。

私たちは目をみはりました。いったい何があったのでしょう。胸にも背中にも、何か三本指の鉤爪にでも引っ掻かれたかのように、ざっくりと赤黒い傷が何本も走っているではありませんか。

「実は、ある島に顔のきく人間がおりまして。その男はまあ、人には言えない商売をしています。その島には樹齢何千年もするような大木が生えているわけです。島の名前は聞かないでくださいということで。島の、本来切ってはならない木の切り株を、男から買いましてね。それを家の玄関に置いてからなんですわ。どうもそれしか考えられない」

ある時ふいに、キーッ！　という鳥の鳴き声がしたというのです。同時に上半身に鋭い痛みが走って、あわてて服を脱いでみれば、胸も背中も傷だらけでした。

そんな話を聞いただけでは、霊能者ではない私たちには、森の精のカラス天狗にでも襲われたとしか思い浮かびません。しかし、会長さんが奥さんとどこかに旅行にいったとき、それと同じ鳴き声を聞いて、「あ、この鳥だ」と思ったと言うので、実在の鳥の霊（？）なのでしょうか。

とにかく、その怪鳥の襲撃が一向に止まず、傷が消えることがないというのです。

「いやあ、あの木にニスを塗ったのがいけなかったかな」

本人はそう言って笑いますが、そういう問題ではないでしょう。

当社に相談する前に、既にあちこちに除霊を頼んだそうです。よくテレビに出てくる女性阿闍梨《あじゃり》や、以前、霊能番組で人気者になったお坊さんもいます。しかし、どれも効果はなかったとのこと。また、わざわざ評判の霊能者のいる青森まで車で行って散々待たされた揚げ句、さて自分の番がきたら、顔を見るなり「どうぞお引き取りください」と言われたとか。見た瞬間に、自分の手には負えないとわかったのでしょう。

やはりこれも、私たちの処方は「バイタルモーター」だったか「恩光」だったか、何を提供したかも忘れるぐらいですが、しばらく使ってみてください、と言って波動装置を持ち帰っていただいたのです。

で、それを置いて以来、怪鳥の襲撃はピタリと止んだとのことでした。果たして、あの引っかき傷は何だったのでしょう。あとで会長さん、「あの機械は腰痛にも効くねえ。霊障だけじゃないねえ」と言って笑っていました。

場の浄化が大事

当社の波動装置は、施術師の方が多く使用されています。その話によると、出張で施術するときには、気がスーッと入っていく場合と、どうしてもうまく入らない場合があるそうで、気が入らない場合は、その場所が波動的に悪いケースがほとんどだということです。悪い波動の原因もいくつかありますが、やはり一番の原因は、なんらかの霊的な波動によるものです。邪気といってもいいでしょう。

話を簡単にすれば、施術師がプラス一〇の陽気を放っても、その場がマイナス二〇の陰気なら、せっかくのヒーリングエネルギーも陰気に負けてしまうという図式です。だから、場は大事です。

遠隔ヒーリングにおいては、これはてきめんで、ヒーリング対象（体不調者）が悪い場にいれば、なかなかヒーリングの波動が伝わらないし、さらに送信側（施術師）のいる場が悪くても、やはりヒーリングエネルギーは届きません。場の影響なしに発振できれば、それはもう達人です。

エネルギーだというのなら、どうしてどんな状況でも一律に効果がないのかと思われるかもしれません。熱湯を浴びればだれでもやけどするし、電流を流せばだれでも感電します。

そういう意味では、オルゴンエネルギーは、三次元的なエネルギー量は小さいのでしょう。また、ラジオの受信機みたいなもので、受信側に共振されることで、初めて大きく吸収されるエネルギーだといえます。微妙といえば微妙ですが、「気」が〝情報〟だといわれるように、これもまた一種の情報なのかもしれません。

だから、悪い波動に取り憑かれているようでは、悪い波動が発振されているわけで、ヒーリング波動はなかなか入り込めなくなるのです。効率良くヒーリング波動を受けるには、まず雑音のないクリーンな場にすることです。どんなに美肌効果のある化粧品でも、それを塗る前に、まずは洗顔でしょう。

しかし、当社の波動製品のなかでも、「恩光」シリーズは、場の浄化には大いに効果を発揮します。家一軒ぐらいのスペースであれば、霊的邪気なら一気にクリアし、さらにプラスのヒーリングエネルギーを注入します。いわば、浄化エネルギー発生装置であり、楢崎皐月氏が唱えた「イヤシロチ」（生命がよく生育し、癒される土地。一種のパワースポット）を人工的に実現させる装置です。

とにかく、当社の製品を設置して、相談者の霊現象が消えなかったという例は、いまのところ一つもありません。

霊的障害は知らないうちに大きなハンディを背負わされているようなもの

病気だった人が転地してから健康になったという話がよくあります。それは前の住まいが陰気な場だったからです。逆に転地して病気になったときには、「水が合わなかった」と言いますが、水というより土地の波動が悪かったのです。

転居するときは、よくよくその土地の因縁を調べなくてはいけません。もしいま住んでいる場所が悪因縁のある土地だとわかっていながら、どうしても転居できないというなら、その場を波動調整することです。また、ずっと同じ場所に住んでいて、どうしても運がよくならない、不健康だ、というときには、その場の波動を疑ってみることです。心配なら相談してください。できるだけの対応はいたします。

現代人が健康な生活を営むうえで、住環境は大事です。うるさい、臭い、暑い、寒い、ジメジメしている、ホコリっぽい、ネオンがチカチカする、産廃の山が近くにある、などというのはだれでもわかります。その一つがあるだけでどこかよそへ引っ越そうという気にもなるでしょう。

人生
邪霊
霊障

しかし、厄介なのは霊的な波動です。土地に刻まれた悪い霊的波動には、なかなか気づかないからです。

徳川家康に、「人の一生は重き荷を負うて遠き道を行くが如し。いそぐべからず」という遺訓や、「重荷が人をつくるのじゃ」という言葉があります。しかし、邪霊という重荷を背負っていてはいけません。何の役にもたちません。邪霊に取り憑かれては、マラソンで自分だけ重い靴を履かされて、なおかつそれに気づかないで走っているようなものです。それは大きなハンディで、運がよくなるわけがない。それどころか、低温やけどのように、気づかないうちに病気になってしまいます。

引っ越しても波動装置は次の人のために置いていくつもり

明らかに場が悪いということで相談されたのが、次の例です。

そのお宅が建っているのは、戦中に炭鉱の落盤事故で亡くなった方たちの遺体置き場となっていた場所で、慰霊塔の建立も検討されていながらまだ実現していないということでした。

相談者はそこの奥様で、ご主人が糖尿病を患い、息子さんがアルコール中毒で、精神病院の入退院を繰り返しているという状況でした。

田中君と当社スタッフの二人が、車でお宅に向かいました。まずスタッフの丁寧なナビゲーションにも関わらず、ドライバーの田中君が、こっちが正しいと言い張って、手前のインターで無理やり降りて、おかげでずいぶん迷ったといいます。田中君が無意識的に拒絶していたのか、あるいはゴーストバスターズを来させまいという働きかけでもあったのか、それともただの偶然だったのでしょうか。

息子さんの部屋に案内されると、なぜかベッドがあるのに、わざわざその反対側の壁際に布団を敷いて寝ているとのこと。しかも田中君によれば、一番悪い波動を感じたのは、ベッドの場所ではなく、その布団の場所だったというのです。悪い場所を避けたのではなく、悪い場所に引き込まれていたわけです。

部屋に入ったときから、田中君は頭がガーンと痛くなり、拳を壁に叩きつけたくなるような、わけもない怒気がこみ上げてきたといいます。その興奮は、帰りのハンドルを握っているときでも収まりません。家に着いてテレビをつければ、ちょうどニュースで祖父が息子の嫁と子どもを殺害するという事件をやっていて、それに刺激されてますます激しく興奮し、自分でもわけがわからなくなりそうになって、家を出てホテルに泊まらなくてはならないとまで思ったそうです。

動悸は激しく、波動装置のスティックで体をさすってもダメで、最後に、無意識に波動装置の二本のスティックを首に交差して当てることで、やっと興奮が鎮まったのでした。

さて、相談者ですが、「恩光」「バイタルモーター」「バイタルウェーブ」などを設置することで、その後間もなく息子さんは退院できて、しかも仕事に行きだしたというのです。最初は三日仕事に行くと、また酒に手を出して休むという状態でしたが、奥様が波動装置で毎日丁寧にヒーリングを繰り返すことで、いまでは仕事にもちゃんと通えるまでになったようです。

田中君が、奥様に転居を勧めたらこんな答えが返ってきました。

「たぶん、まだ悪いものの影響が抜けきっていないでしょうから、新しく家を探しても、また同じような場所を選んでしまうような気がします。探すのは、この機械できちんと悪いものを落としてからにしようと思います。引っ越すときは、次に入居する人のために、この機械は全部置いていくつもりです」

そういう優しさが大事なのだと思いますし、またそういう気持ちがヒーリングエネルギーにはよく共振するのです。

——幸運を招くための基礎体力

オルゴンエネルギー以前の心構え

オルゴンエネルギーは、場の悪い波動を取り除きます。生体に悪いマイナスの場を、少なくともゼロにし、さらには生体によいプラスの場に転じます。つまり、「イヤシロチ化」ということで、生理活性を促す場を作ります。もちろん、それは肉体という場にも直接働きかけて、健康効果をもたらすのです。

心身が背負っている悪い重荷を取り除くだけでも、運は上向きます。

オルゴンエネルギー発生装置のなかでも、ポケット・プラーナは、幸運を招くエネルギーを発生します。ポケット・プラーナを常用した人たちから、思うように事が運ぶという感謝の声が多数寄せられたので、私たちはこれを「円滑化現象」と呼びました。この円滑化現象は、幸運効果そのものです。

なぜ幸運を招くのかというと、結局それは、意識波の増幅をするということで、願望（ビジョン）が実現しやすくなるからです。

ということは、逆にいうと、心がしっかり願望を描けていないと発振はゼロということであり、何も増幅できないことになります。タクシーに乗っても、行き先を言わないようなもの。結局、思うように幸運を招くには、やはり心の問題が大きいのです。

ということで、最後に、幸運を招くためのごくごく基本的な心構えをお話ししておきます。

だれもが幸運を望んでいるのに、けっこうみな心の奥ではマイナス思考を抱えていて、アクセルを踏みながらブレーキを踏んでいるような人が多いのです。オルゴンエネルギーの前に、しっかりと願望の発振をするために、まずは心の持ち方です。

積善効果

運をよくする方法というのは、世間にあふれています。書店に行けば、そういうコーナーがあるでしょう。ここでは、一般的な話を簡単に記すことに留めます。

だいたい、既存の開運法で示されるのは、「人のためになる善いことをしろ」ということに尽きます。それが基本中の基本です。

「積善の家に余慶あり」という言葉を聞いたことがあるかと思います。「易経」の言葉で、善行を積み重ねた家は、その報いとして、子孫に必ず幸福がおとずれるという意味です。

世の中には、なんであんなやつがと後ろ指さされるような人間が、スイスイと出世していく皮肉な例がよくあります。善いことなど一つもしていないような、利己的でなおかつ頭も悪い人間が、です。でもそれは、本人に善の貯金がなくても、その家系にかつて大きな善を積んでいた先祖がいるからです。いわば、善の遺産がたくさんあったということ。

「情けは人のためならず」というのは、よく聞く言葉でしょう。いうまでなく、人に親切にするのは、人のためではなく自分のため。人によい行いをすると、その報酬がいずれ自分に返ってくるということですね。

私も結局、それに尽きるだろうと思っています。自分がしてほしいと思うことを、自分が他人に行う。人に親切にされたかったら、自分が親切になる。そうすれば、こんどはいつか自分が親切にされる役が回ってきます。いいえ、それだけではなく、それが倍増されて返ってくるのです。

積善ゲームだと思えばいい

人のため、社会のためにいいことをすればいい？　それで自分にもいいことがやってくる？　若いうちは、なんだかなあ、とは思っていました。古めかしい道徳の教科書のようで、ウソ臭い感じがしたものです。

もし、そういう疑念があれば、開運法・成功メソッドとして割りきって考えてください。ゲームだと思えばいいのです。人に喜ばれて、自分の利得にもなるのですから、こんな楽しいゲームはありません。割りきって考えましょう。

ボランティア活動でもいいし、体が動かせないのなら、寄付をするのでもいい。ただし、いまはいかがわしい詐欺団体があるので、本当に貧しい人々に行き渡る、きちんとした団体を選ばなくてはなりません。

よく、運をよくするには便所掃除が効果があるといわれますが、それは人のいやがることを率先してやれば徳になるということなのでしょう。あの北野武氏も、自分でよく便所掃除をやると語っています。

果たしてそれで、ギャンブルなんかのツキを呼び寄せることができるのかどうかはわかりませんが、少なくとも人間関係で、好都合な偶然が回ってくる確率がずっと多くなることは請け合えます。ビジネスは結局、取引先との人間関係がものをいいます。新しい取引先ができるのも、そのほとんどは、人の縁《コネ》によるものです。

それでは、どうして善行をすると自分によい果報（いい運）が返ってくるのか？

私にも確かな理屈はわかりません。これは経験則にすぎないのです。ただ、自然界において、作用には必ず同じだけの反作用があります。そういう物理法則と同じルールが、この世の現象においてももたらされるのだろうと考えています。だから、悪行をなすと、いずれは不運がもたらされるのです。

この世は深層意識でつながったスクリーン

人のためにいいことを行えば、どうして運がよくなるのか？　あえて理屈を考えれば、次のようになりますか。

世界はみな、深層意識という一枚のスクリーンでつながっています。それが前提です。この世で物事を実現するということは、そのスクリーンに、自分の願望（ビジョン）を描くことです。深層意識の海底にあるスクリーンに近づいたものほど、自分のビジョンを投射することができやすくなるのです。

そのスクリーンでは、この世の存在はみなつながっています。万物同根です。そういう意味では、自分も他人もありません。他者を利するのは自分を利するのと同じです。

利他的な行いというのは、世界が一枚のスクリーンであることの真実に沿っているわけで、この世を映し出すスクリーンに近づく行為になるわけです。だから、スクリーンにビジョンを描きやすくなるのだと考えます。

逆に、利己的な行いは、スクリーンから遠ざかる行為であり、自分のイメージがうまく投射できなくなるということになります。スクリーンを人間に例えれば、利己的な行いは体を蝕《むしば》むがん細胞みたいなもので、いずれ免疫細胞に除去されるでしょう。

まあ、これはあくまで理屈です。いずれにしろ、深層意識のさらに奥で、この世のすべてが一枚のスクリーンでつながっていると思えば、なんとなく理解できます。

そのスクリーンの存在を心の奥で実感したものほど、スクリーンはリアルになって３Ｄ化し、この世に物質化することになる——そう思って損はありません。

善行はこっそりと行え

善行をすると、その人の徳になります。徳は善行と同じ意味がありますが、また善行によって備わる気品のようなものでもあり、模範だとか、声望の意味もあります。

粗暴で人を傷つけたり、騙したり、狡猾《こうかつ》で卑劣な人間は、どうつくろってもその品性が雰囲気に表れます。徳がある人は、その雰囲気で人を引き寄せます。少なくとも人間関係においては、徳のあるほうが利益を得る可能性が大きいといえるでしょう。

ただし、この善行ゲームには、ちょっとしたポイントがあります。それを忘れてはいけません。

大事なのは、徳は人知れず行うほうが貯金になり、大きな利子もついてくるということです。イマ風にいえば、それでリバレッジ（テコ）をかけられるということ。誰にも知られずにこっそりやれば、少ない善行でも大きな報酬が返ってきます。

もし財布を拾ったらどうしますか？　交番に届けるなら名乗らなければいけませんが、住所がわかれば、直接郵送することもできます。そんなとき、自分の住所や名前を書きますか？

あるいは、もし悪い男に絡まれている女性を助けたとして、その女性がすごい美人で熱っぽく感謝された、なんていうときは、名刺の一枚でも置いていきたいのが人情です。でも、それをこらえて、たとえ「せめてお名前でも」と腕をとられても、「名乗るほどの者じゃございません」と立ち去るほうが、見返りは大きいということです。実にもったいない話ではありますけれど、きっとまたどこかで再会できるか、それ以上のステキな女性と出会えることになるでしょう。

「陰徳あれば陽報あり」

人知れずこっそりと善行をすること。これを「陰徳」といいます。これ見よがしにやるのではなく、だれも見ていなくても、当たり前のようにすることが大事だということです。だれも見ていなくても、幸運の女神は見ているということになりますか。中国の古典の「淮南子」には、「陰徳あれば必ず陽報あり」という言葉があるくらいで、これは先人たちの経験則です。

しかし、いくら隠れてやったとしても、潔癖な人は、「見返りを求める善行なんて偽善だ」と、やましさを覚えることもあるでしょう。でも、偽善でいいのです。あくまで、もともとこれは運をよくするための方法なのですから。それに、たとえ打算的な親切でも、それを行っているうちにすがすがしい気持ちになってきます。

欧米の一流企業にしろ、華やかなスターにしろ、そのほとんどが毎年多額の寄付金を拠出しています。それは、献金が習慣化されているキリスト教社会だからというだけではなく、彼らは、寄付が「人のためならず」、いずれ自分に返ってくることを知っているからです。さらなる富者となるための種銭なのです。

だから、不運な人ほど人に親切にしなければいけないし、その日の食べるものにも事欠く赤貧な人ほど、手に入れたパンのひとかけらでも人に分け与えることが大事なのです。もちろん、そういう人ほどこっそりと——。大いなる逆説ですが、これは真実。知っていれば大きなアドバンテージになります。これを実行しない手はありません。

陰徳の効用は、東洋の教えだけではありません。面白いことに、聖書でもはっきりこう書かれています。

「人に見せるために人前で善行をしないように気をつけなさい。そうでないと、天におられるあなたがたの父から、報いが受けられません」

「だから、施しをするときには、人にほめられたくて会堂や通りで施しをする偽善者たちのように、自分の前でラッパを吹いてはいけません」

「あなたは、施しをするとき、右の手のしていることを左の手に知られないようにしなさい。あなたの施しが隠れているためです。そうすれば、隠れた所で見ておられるあなたの父が、あなたに報いてくださいます」

それと同じく、祈るときも、断食をするときも、人知れずひそかに行いなさいというのです。私も祈りは会社でこっそりやっています。

自分の善行をこれ見よがしにやっては、自己顕示欲になるだけで、逆効果ということになるようです。あくまでこっそりとやるところに、徳の貯金のスイッチが入るようです。

意識の設定

徳を積めというのは基本であって、あとは意識のテクニックの問題になります。結局、ニュートラルな意識でビジョンを描くことであり、それを深層意識にまで染み込ませることです。

どうやら、この世は個々人の深層意識がお互いにつながっているようで、深層意識は現実の舞台を演出する演出家であり、脚本家になっているようです。

想像でもいいですから、自分がそうなりたいと思う自分の姿を心に描き、理想とする環境の中に既に自分がいるかのように、たびたび振る舞ってください。妄想と紙一重ですが、妄想は現実の反動であり、現実の代償行為であることを自分自身がよく知っています。そうではなくて、まるでいまそれが現実であるかのように振る舞うのです。

それを何度も繰り返していれば、それがいずれ現実の舞台になります。偶然の一致というかたちで、夢の舞台の実現のために、不意打ちのシナリオが次々にやって来ることになります。それにきっちりと気づくことです。

とりあえず、同僚と飲むようなときは、たまに割り勘にしないで、金持ちの社長のように、ごく当然、といった風情《ふぜい》で支払ってみるのもいいでしょう。

四章　新感覚・第七感界の出現

――第六感の衰退とともに

人類大変化

人類はいま、大きな変化を迎えています。大変革期に差しかかっているのです。サルが二足歩行へと歩み出し、言葉を持ち、道具を使い出したりしたときのように、大きな変化となるでしょう。

イモムシから蝶への大変身です。といっても、それは例えであり、形態的、器質的に変化が見られるわけではありません。それでも、やはりその変容は、イモムシから蝶への変化に匹敵するといっていいでしょう。

それは、真の霊長類になるための進化です。

人類は霊長類と呼ばれ、進化の頂点に立つといわれています。しかし、霊に長《た》けるという霊長類の名に値するのかどうか、はなはだ疑問です。その変化を迎えてこそ、真の霊長類の名が冠されるにふさわしいのです。

開かれる「第七感」

それでは、その変化とは何か？

それは、新たな感覚の獲得です。

「第七感」という新感覚が、いま目覚めようとしているのです。それは、新たな知覚を人類に授けます。まさにいま、それを持つものと、持たないものの選別が行われようとしているのです。

かつてサルは変化し、数百万年の時をかけて人間になりました。わが霊長類の系統樹からは、オランウータンやゴリラが分かれ、七百万年ほど前にチンパンジーが分岐します。やがて、アウストラロピテクスの枝が生じ、原人が生じ、六十〜四十万年前にはネアンデルタールと現生人類（ホモ・サピエンス）が袂を分かちます。

そのつど、大きな変化がありました。サルからアウストラロピテクスが分かれたのは、ちょっとした偶然だったのかもしれません。しかし、そこには身体的・機能的変化があったはずです。少なくとも犬歯が縮小し、直立二足歩行になりました。そうやって変化したグループは、もはや変化しなかったグループとは交配できなくなってしまいます。

いや、物理的に交配は可能だったのでしょう。けれども、もはや枝分かれした種族とは、交わる気にはならなくなったのです。ネアンデルタール人とクロマニヨン人の雑婚はあったようです。しかし、喉の構造から、ネアンデルタール人は現生人類のように複雑な言葉を発声できず、やがて知性の上で超えられない壁が出来たようです。

常に上昇志向のあるグループだけが変化し、変化しないグループはそのまま取り残されることになります。多段式ロケットのように、上昇志向のエネルギーが尽きたものは、その時点で重力に負け、新たに点火された上段のロケットを見送るしかありません。サルの中から、ナックルウォーキングしていた両手を地から離し、二足で大地に踏み出した群れは、もはや四足の群れとは別の存在となったのです。

大地を二本足で踏み出してサルはヒトとなった

そうなのです。「人」という文字の象意は、大地にスックと立ち上がり、しっかりと闊《かっ》歩《ぽ》している姿を表しているのだそうです。よく、その左右の二本の線のように、そうやって支え合って立つのが人間なんだと、まことしやかに諭されたりします。それはそれで教訓話にはなるとしても、学問的な意味ではなく、ただのこじつけにすぎません。

映画『2001年宇宙の旅』のプロローグに、こんな印象深いシーンがあります。猿人とおぼしき二つの群れが戦っています。一方の群れの一人（？）が、そばに転がっていた太い骨を手にとると、それで相手を撲殺し、勝利の雄叫びを上げながら、その骨を宙に放り投げるのです。空高く舞い上がっていったその骨は、ヨハン・シュトラウスの『美しき蒼きドナウ』をBGMにして、すっと宇宙空間に浮かぶ宇宙船に姿を変えるのでした。その骨は、人類が手にした最初の道具であり、道具の使用に目覚めた頭脳は、やがて宇宙船まで開発するに至ると示唆されているわけです。

第七感が開かれないものは旧人となる

旧人類というのは、何もネアンデルタールだけではありません。原人から見れば、アウストラロピテクスはもはや旧人類です。系統樹に変化が起こるたびに、変化をしない選択をした群れは、旧人類となり、進化の波からこぼれていきます。道具を作り、脳を拡大し、言語と思考を複雑化させるといった新たな能力を手に入れた種族だけに、人類の名が与えられるのです。新でも旧でもなく、人類の名が冠されるのは、あくまで多段式ロケットの頂点にいて、天へと飛翔し続けるもののみです。

立ち止まったものは、もはや旧人類となります。進化の波のなかでは、常に新人類こそ（現世）人類なのです。

もしかして、いまの人類は、多段式ロケットの最後のトップだと思っていませんか？　進化を極めた、進化の王様なのだと。そうではないのです。人類はまだまだ進化します。少なくとも、いまのこの時代がまた変化を迎える過渡期であるのは、いずれ歴史が証明するでしょう。

そうです。第七感を開かなかったものは、いずれ人類の名が剥ぎ取られ、旧人の扱いを受けることになるということです。

新しい人類にとっては、そのような旧人は、もう子孫を残すための対象にはなりません。恋愛対象にはならないのです。たとえ愛はあったとしても、もはやそれは私たち人間が抱く、チンパンジーに対する愛情と同じものです。

第六感はひらめき

それでは、第七感とは何か？　それに答える前に、まずは〝第六感〟を説明する必要があります。さらにその前に、まずは五感です。第七感の前に第六感があり、その前に五感というベースがあります。

五感には、それに相当する感覚器があります。

視覚―目、聴覚―耳、嗅覚―鼻、味覚―舌、触覚―皮膚。

さて、では第六感はというと、その感覚に相当する解剖学的な受容器（感覚器）がないわけです。その受容器がないのに感じられる能力を第六感という、といってもいいでしょう。

辞書を引くと、「理屈では説明のつかない、鋭く本質をつかむ心の働き。インスピレーション。勘。直感。霊感」とあります。まあ、これが一般的な解釈でしょう。勘とか直感といえば、まずわかります。

エジソンに、「天才は一％のひらめきと九九％の汗」という有名な言葉があります。この、ひらめきの原語がインスピレーションです。

直感か霊感か？

そのインスピレーションを訳すと「霊感」になります。霊感ともなれば、感覚器が見当たらないどころか、通常の物理現象を超えてしまいます。つまり、科学的には認められない超常現象に属する、特別の感覚による知覚能力ということになります。

以前は、第六感が働いた、というときは、勘とか直感ということで、超常現象としては使われてはいなかったような気がしますが、十年ほど前にヒットしたブルース・ウィリス主演の映画『シックス・センス』(まさに第六感)が、霊感を題材にしたオカルト映画だったので、その影響なのか、霊的な超能力だとする傾向が増えたようです。

要するに、第六感は何らかの「ひらめき」です。

では、それはただの直感なのか、それとも物理現象を超えた霊感によるものなのか、さてどちらでしょう?

科学的な大発見となるものから、日常のちょっとしたアイデアまで、ひらめきにはグレードの大小はありますが、第六感はけっこう利用しているはずです。でも、いったいそれはどこからやってくるのでしょうか。

私は、ただの直感も、物理科学を超えた霊感も、どちらもあるのだと思っています。それを分けるのは難しいでしょう。

必ずしも超能力（ESP）ではない

まず、生理学で考えられる直感の構造を考えてみましょう。

五感は、視覚や聴覚にしろ、外界の刺激を感覚器が受けて受動的に反応する個別の感覚です。動物としての行動を支える、基本のセンス（感覚）です。

それに対して、第六感は、それら複数の感覚が分析され、情報が統合されて、一つの判断としてアウトプットされた「知覚」といえばいいでしょうか。

例えばそれは、イメージとして脳内に映像を浮かべます。それが「ひらめき」であり、「ピンとくる」ことです。それは無意識で行われるために、何か外から映像を見せられたような気がするのでしょう。だから、ついついそれを霊感だと思ってしまいます。かなり高度な情報処理ですが、あくまでこれは物理的な感覚の延長線上にあるものです。

皆さんも「五感を研ぎ澄ませ」とか、「精神を集中しろ」というのはよく聞くはず。そうすることで総合的に働く知覚だとも考えられます。

リラックスすれば右脳が働く

第六感は、脳科学的にいえば、右脳にスイッチが入ったという見方もできます。

もともと、直感は右脳の機能だといわれています。左脳が、森の中の一本の木に集中して、数字や論理で細かく分析するのが得意なのに対し、右脳は瞬間的に森全体をビジョンで俯瞰するのが得意だからです。

アインシュタインが相対性理論をひらめいたのは、夢で光の紙飛行機にまたがって光を追うビジョンを見たからだとか、湯川秀樹氏が中間子理論をひらめいたのも夢だったというのは、たぶんに右脳の作用なのでしょう。

私は以前、リラックスしたときにアイデアがひらめくと語っていましたが、そのリラックスとは、左脳支配の、一点集中で張り詰めた意識から、右脳の俯瞰にバトンタッチしたときではないかと思っています。それは、ちょっと気がそれたか、気が抜けたときに生じます。例えば、風呂から上がったときだったり、ふいに女房殿から声をかけられたときだったりします。どちらも、そのときは懸命に考え事をしている最中です。

おそらく、左脳がフル回転して考え事をしていたとき、それが中断された瞬間に、左脳の一点集中の意識から、パッと右脳へシフトが行われ、森全体の視野が飛び込んでくるということではないかと考えます。

もう少しでアイデアが生まれるというときに声をかけられて、集中が殺《そ》がれたら、ふつうは「せっかく考え事をしていたのにジャマをして！」と怒ります。でも、私は女房殿をなじったりしません。それは決して女房殿が怖いからではなく、いやそれもありますが、むしろ、思いがけないアイデアを携えて、妄想世界から現実世界へと戻ってくるからです。昔はそれを「転んでもただでは起きない」と言っていましたが、いまの言葉でいえばセレンディピティになるわけです。

集中あってこその弛緩

リラックスがいいといっても、もちろん、いつも弛緩《しかん》していてはいけません。単に頭を空っぽにするのがいいというのではなく、それまで一点集中で考えに考えていた集中の積み重ねがあったからこそ、劇的なブレークスルーがもたらされるのです。何も考えないでアイデアがひらめくなら、それはもう本当に霊感だろうし、宇宙の中心にあるというアカシックレコードでもカンニングしたのでしょう。

モーツァルトは文字どおりの天才、天賦の才そのものでした。ある種の脳の異常であるサヴァン症候群ではなかったかとみなされているあの偉大な作曲家も、父親から相当過酷なトレーニングを受けていたのは事実です。その旋律の蓄積がなければ、いくら神童でも、あんなに軽やかに天上の音楽が降ってくることはなかったでしょう。

歩行するのが人の条件ではあっても、たまには足を止めて、ゆったりとした呼吸で空を眺めるのも、天の恵みを得るコツだと思います。

それでも霊感は確かにある

さて、五感の延長に第六感があるという話になりました。

がん患者や心臓発作を起こしそうな人を見分ける犬がいます。それは、超能力でも霊感でもなく、優れた嗅覚によるものです。その病気特有の臭気があるようで、それを嗅ぎつけるのです。また、犬は、外出していた主人が帰宅する直前に、いそいそと玄関の前に行ってお出迎えします。どうやらそれは、人間の歩行に際して放たれる微弱な電磁波を感知しているからのようです。人それぞれに、電磁波のパターンがあるので、それを見分けているのだとか。

非常に鋭敏な感覚は、まるで超能力のようです。犬だけではなく、文明に毒されていないアフリカ人は視覚が六・〇もあり、ゴマ粒ほどの地平線上の影を人だと見抜くのは、私たち日本人には超能力みたいなものです。

それはともかく、「虫の知らせ」だとか「ESP」だとか、明らかに物理的にはムリだという知覚の存在も否定はできません。フーチはまさにそれ。自分が知りようもない探し物を当てるとなると、通常の知覚を超えるジャンルになります。

☆や□や△などの図形を描いた五種類のカードを裏返しにして、それがどんな図形かを当てることで超能力のあるなしを調べる方法があります。そのカードをESPカードといいます。もし、偶然に当たる一定の確率を超えたら、そこには何らかの、五感による知覚を超えた知覚が働いたとみなさざるをえません。

ちなみに、ESPとは、エクストラ・センソリー・パーセプションの略で、そもそも通常の感覚器による知覚を超えた知覚、すなわち五感を超える知覚のことです。裏返しのカードの図形を当てられるなら、確かに透視という、五感を超える知覚がなければ始まりません。

二章でも書いたように、このような能力は、エヴォリューションボックスを開発してから、私たちの周囲で増えています。

使わない機能は退化する

霊感にしろ、ただの直感にしろ、物事を判断するにあたっては、けっこうこのカンがものをいいます。

言語が未発達の原始時代は、獲物をとるにも、天候を読んだり危険を察知したりするにも、鋭敏な五感に裏打ちされたカンがものをいいました。これは神秘的な超能力でもなんでもなく、情報の積み重ねと、その取捨選択、有機的な統合力ということで理解できます。五感の範囲内であり、動物的な判断力です。

これは現代でも同じで、スポーツでもビジネスでも、カンの鋭いものが勝ちます。運動神経や知能が同様に発達したライバルが、みな精いっぱい努力し、データも蓄積しているなら、技術や能力は拮抗しています。そんなどんぐりの背比べから抜け出すのがカンの力です。その単純なカンをもっと有機的に、意識的に働かせることができるようになれば、第六感も、五感のようなふつうの知覚として、日常的なものになるでしょう。

しかし、残念ながら、一般的に第六感は衰退化しつつあります。その原因は簡単です。「使わない機能は退化する」の法則です。

文明の利器が発達したこの現代文明にどっぷりと漬かっていれば、未開の民族が持つ、嗅覚にも視力にも脚力にも及ばなくなるのは当然です。

携帯電話一つ見ればわかるでしょう。どんなに遠く離れていても、耳を澄まさなくても声は届きます。地平線上のゴマ粒のような影に目を凝らして声を張り上げなくても、それが待ち人なら携帯電話をプッシュすれば話ができます。

テレパシーや透視能力がなくても、ネットに通じてさえいれば、世界中の情報が瞬時に手に入ります。何か大きな事故があれば、マスコミが飛んでいかなくても、現地の住人が動画サイトで映像を発信している時代です。

いずれ、携帯電話はチップ化し、頭に埋め込んで、思念だけで発信できるようになり、パソコン画面は、コンタクトレンズのように角膜上に収まるでしょう。子どもたちが憧れる超能力はみな機械がやってくれるようになります。五感を研ぎ澄ませる必要などなくなるのです。これでは第六感どころか、五感さえ衰退していくでしょう。

いま生起する新感覚

そういう五感と第六感の衰退にともない、別の能力が芽生えようとしています。別の新たな感覚が生じようとしているのです。そのせめぎ合いがいまの時代です。

視力が失われると聴覚や触覚が鋭敏になるのと同じく、これは大きな補償作用なのかもしれません。いや、補償というよりは、進化の趨勢《すうせい》として生ずるような気もします。

その新感覚が、第七感です。

ただし、それは第六感と同じで、肉体的な感覚器はありません。感覚器以外の知覚だということをお断りしておきます。

それでは、第七感というのは何か？

これまでの話の流れからして、まさにそれが霊感だと思われたかもしれません。物理や肉体を超えた霊的な能力だと。霊的能力を開示する、霊長類にふさわしい存在になれというのは、まさにそのことではないのかと。

いいえ。残念ながら違います。それは、そんなに特殊なものではないのです。ありふれているといえば、ありふれています。その言葉自体は、どこにでも転がっています。歌の文句には欠かせません。いまこの瞬間にも、世界中で使われている言葉です。しかし、あまりに安売りされているその言葉に対し、その本質を知るものは少ないのです。

ちょっともったいぶっていますね。では、それは何か？

愛は知覚である

端的にいって、それは愛です。

愛？

いったい何を言っているのかとズッコケたかもしれませんね。しかも、それは感覚なのかと疑問に思ったことでしょう。「愛は、感情ではないのか」と。それとも、「愛は、観念だろう」と思われたでしょうか。

いいえ。愛というのは、感情や観念の前に知覚であり、意識なのです。

ただし、愛といってもいろいろあります。確かに、恋愛の愛は感情。

けれども、ここでいう愛は、動物的本能に根ざした欲情の愛ではなく、博愛の愛です。古代ギリシャ語でいう「アガペー」です。恋愛の愛（エロス）とはまったく質を異にします。

恋愛の愛は、異性を自分のものにしたいという本能的な欲望であり、本質はエゴイスティックなものです。「利己的な遺伝子」という言葉があるくらいですから、本能の性愛は、自分の子孫を遺そうという遺伝子が欲情の火をたきつけるわけで、利己的行為そのものです。

それに対し、博愛の愛は、無私です。その愛を知覚すれば、利他にならざるをえないのです。

「愛は、感情や観念の前に知覚である」

こんなことを言うのは、私が世界で初めてかもしれません。そこが大きなポイントです。ただし、残念なことに、それはごくまれな人間にしか知覚できませんでした。イエスやブッダなどの聖人は、その「知覚者」だったと私は考えます。そうです。ブッダは「覚者」の意味ですが、第七感の知覚者でもあったのです。

愛とは何か？

じゃあ、その愛とは何か？　愛を教える聖書を開いて、ここでちょっと考えてみましょう。そこにはこう説かれています。皆さんもよくご存じです。

愛は寛容であり、愛は親切です。また人をねたみません。愛は自慢せず、高慢になりません。礼儀に反することをせず、自分の利益を求めず、怒らず、人のした悪を思わず、

不正を喜ばずに真理を喜びます。すべてをがまんし、すべてを信じ、すべてを期待し、すべてを耐え忍びます。愛は決して絶えることがありません。

ああ、なるほどなあ、とは思っても、これで愛がわかりますか？

これはただ愛の条件を語っているだけで、愛そのものについて語っているわけではありません。例えばこれは、象は巨大である、鼻が長い、足が丸太のようだ……と言っているようなもので、象を見たことがないものにとっては、なかなか想像がつきません。

まあそれでも、寛容で、親切で、人をねたまず、怒らないことが、愛というものの性質であることがわかります。それでも私はピンとこなかった。

だいたい、このあとに「知識ならすたれる」と書かれていますし、また「知識は人を高ぶらせ、愛は人の徳を建てます」という記述もあります。

このような愛の教えをただ言葉だけで知っていても、まさにそれは知識にすぎず、私がこれを人に語ろうものなら、得意げになっていないかと自省してみるほどです。

慈悲とか、仁義とか、信義とか、礼というのは、演歌好きの私にはわかったつもりでも、愛というのは、どうも私には抽象的だったのです。

もちろん、恋愛の愛はわかります。好きになった女性はかわいいもの。可愛いと書くように、この言葉のなかには愛があります。愛着するし、手放したくなくなります。そんなふうに独占欲の対象になると、愛するその女性がほかの男に目を向ければ嫉妬もします。惜しみなく与えるアガペーの愛の教えとは正反対に、有島武郎の「惜みなく愛は奪う」という言葉どおりです。

アガペーの愛はどうして「惜しみなく与える」のか。どうして自分の利益を求めず、怒らず、人のした悪を思わないのか。神の愛というのは、ずいぶんお人好しではないですか。これでは、自分がなくなってしまいます。

アガペーの愛は目に見えないのか

象は、言葉を並べて説明されるより、目で見たらすぐにどういうものかわかります。愛も言葉で説明されるより、見たらすぐわかるはずです。

アガペーの愛なんて観念だから、見えるわけがないと笑いが漏れたかもしれません。そうでしょうか？　人間が実践できるものなら、見えるかもしれません。

恋愛の愛は、本能としてあるわけですから、説明しなくてもわかりますし、愛し合う他人の姿を見てもわかります。ロダンの『接吻』には、男女の愛が実によく描かれています。

そんなふうにアガペーの愛も、目に見えるならいいのに、と思ったものです。

自己犠牲は大きな愛

自己犠牲は、究極の愛だといいます。「人がその友のためにいのちを捨てるという、これよりも大きな愛はだれも持っていません」。聖書にはそうあります。

ということで、そういう人の姿を見聞きしたとき、アガペーの愛がおぼろげながら垣間見える気がします。

私は、自分の危険も顧みず、わが身をなげうって人命を救おうという無償の行為には、手放しで賞賛を与えますし、深く感銘します。

しかしながら、アガペーの無私の愛という観点からあえて眺めると、そこにはいくばくかの疑問が出て来ざるをえないのです。自己犠牲にも、いろいろあります。

親がわが子を、恋人が恋人を、自分の身を犠牲にして救うのは当たり前のことです。しかし、家族でも恋人でもないのに、人間は火の中に飛び込んで見知らぬ他人の救助に向かったりします。もちろん、その勇敢な行為には一人の人間として大いに敬服します。その姿こそ、ロダンの彫像のように、目に見えるアガペーです。

自己犠牲は美学ではないのか？

しかし、その心の内を邪推すれば、逃げる自分が許せないという倫理観や義に突き動かされていたのかもしれません。もしそこで行動しなかったら、一生後悔する、そう思うのは、私の器量が小さいせいなのかもしれませんが。

動機はどうであれ、実際そうやって命を落とされた方はたくさんいます。その人たちには、深く頭が下がることをもう一度述べたうえで、あえてアガペーの愛に照らしてみるのです。それが愛だといえば、愛なのかもしれない。しかし、それもまた、自己を律するその人自身の倫理や美学の延長ではないかと思える余地はあるのです。少なくとも、私の狭量な心で想像してみれば。

戦国時代には、主君を守るために従容《しょうよう》として命を差し出した家臣がいます。あるいは、お国のために艦船に体当たりした神風特攻隊員がいます。それらは、愛というよりは、仁であり義ではないのかと思うのです。強いられた自己犠牲に、不条理感や憤りはあるはずです。それなのに、みな従容としているのは、諦念《ていねん》があるからでしょう。理性で感情を乗り越えたのです。それも愛の一種でしょうが、アガペーの愛とはまた別のもののような気がします。アガペーには、怒りも不条理感もないのですから。

愛は理不尽

聖書の愛の教えは、けっこう理不尽です。とにかく犠牲を強います。

寛容、親切、ねたまない……というのはなんとなくわかるとしても、隣人どころか敵をも愛せというのはどうでしょう？　聖書の愛は、さらにこんなことまで注文します。ここにつまずかない人はいないでしょう。

「あなたの片方の頬を打つ者には、ほかの頬も向けなさい。上着を奪い取る者には、下着も拒んではいけません」

どうして、こんな教えがあるのか。右の頬を打たれたら左の頬も出せ。このフレーズだけが一人歩きしているので首をひねってしまうのですが、次のような説明があると少しわかってきます。

「自分を愛する者を愛したからといって、あなたがたに何の良いところがあるでしょう。罪人たちでさえ、同じことをしています」

家族や恋人、慣れ親しんだ隣人を愛するのは当たり前なのです。それは自分の分身みたいなものですから。悪人にさえ手を差し伸べることこそ、アガペー（博愛）なのです。

要するにこういうことです。神にとっては、善人も悪人も、人はみな神の子です。「天の父が哀れみ深いように、人間も哀れみ深くなれ。神が惜しみなく与え尽くすように、人間も与え尽くせ」と。そうすれば、よい報いが得られる、神に愛される子どもになれるというのです。

神にとってはみな子ども。すなわち、たとえ敵であったとしても、人間どうしみな兄弟。父親の気持ちになれば、バカな兄弟も愛せる気がしてくるでしょうか。いくら兄弟でも、それではいえ、盗人に追い銭までやる気にはなかなかなれません。いくら兄弟でも、それでは正義がなくなります。不正に目を潰れという話になります。

上着を奪う者には下着もやれ、というのは無益な復讐への戒めであって、結局、教えのポイントはこういうことではないでしょうか。

「見返りを求めず、敵にさえ惜しみなく与えるのが神の無窮の愛である」

その大きな愛をまねれば、むしろ見返りは大きいという話です。

どうして人は人を殺してはならないのか？

どうして敵まで愛さなければならないのか。そんな質問どころか、近ごろの子どもたちは、「どうして人は人を殺してはならないのか？」という疑問まで口にするようになっているようです。

ある識者がそれを嘆いていたのを、テレビか何かでちらっと見た覚えがあります。たぶん、そんな当たり前のこともわからないのか、家庭で教わらないのか、という驚きなのかと思います。日本はそこまでモラルが崩壊しているのかというのでしょう。

まあ、どうしてそんな質問をするのか、その真意を聞いたうえでなければ、どう答えていいかもわかりませんが、もしそれが他意なく真摯に問われたのだとしたら、大人たちはその疑問にしっかりと答えなければなりません。

しかし、大人だとはいえ、その疑問にしっかりと向きあえば向きあうほど、そう簡単に答えられる問題ではないことがわかります。これは、人間の生存のうえで、実に本質的な問題です。明確な答えが出せるのは神しかいないでしょう。

まあ、対症療法的な回答はできるでしょうが。例えば、「もしきみの愛するものが殺されたとしたら、きみはどう思うか？」と逆に問い返します。そのくらいの想像はできるだろうと。人には必ず親がいます。

人の痛みを想像できるのが、サルと人とを分ける条件です。自分の身に置き換えれば、遺族の人の痛みがわかるだろうという話です。自分がやられて嫌なことは、人にもやってはいけない。それがわかるのが、人間の条件です。「自分がされたくないことを人に施すことなかれ」です。

人間の脳は人の痛みを自分の痛みとして想像できる

ヒトは同族を殺害する唯一の動物であり、自然界においては狂った生き物である。自然界のルールを破っているのだから、人殺しは本質的に悪――。

以前はこんな説もありましたが、これは間違いです。ライオンもチンパンジーも、群れにボスの交代があったときには、新しいボスは以前のボスの子どもを殺します。

そもそも自然は弱肉強食の世界です。ちょっと油断すれば、あるいはちょっとでも足腰が弱れば、みな生きたまま食われるのです。それが自然界の法則です。唯一、その法則を破っているのが人類ではないですか。弱者も生きられるのが人間社会なのです。

人は人を殺してはならない。人はみな平等に生きる権利がある。これは人類が培ってきた倫理です。本能ではなく、高度な道徳観です。人が人を殺すことに大きな罪悪感があり、ブレーキが働くのは、サルではないからです。サルにはない、人の痛みを自分の痛みとして想像できる脳があるからです。そんなふうに進化した脳は、もう人殺しをするような先祖帰りは認められないのです。

しかし、人類の歴史は戦争史であり、大量殺人を繰り返してきたわけで、いまなお死刑もあります。いまだにサルのシッポを宿しているのが人間です。だからこそ、その問いに考え込んでしまうのでしょう。

どうせいつかはみんな死ぬのに

答えはさまざまです。もし、人の命を奪ったら、その人の失った未来は永遠に償えない、という答えもあります。

しかし、最後にこんなふうに言い返されたらどう答えるのか？

「でも、どうせいつかはみんな死ぬのに」

そうきましたか。これはなかなか手強いです。

これは、若いころの私自身のテーマでもあったのです。どうせいつかは死ぬのに、どうして生きなければならないのか。生になんの意味があるのか――。

だからというわけではないのですが、私は子どものころから、ときたま死にたいと思うことがありました。実際、青年期には死地を探して日光までフラフラとさまよったこともあります。直接の理由はともあれ、その背景には、そういう唯物的な考えがあったからだと思います。そういう思いがどこかにあったからこそ、死線をさまようことになるガス中毒も招いてしまったのではないか。

芸術家は、自分が死んでも作品は永遠に残るといいます。また、自由民権運動を起こした板垣退助の、「吾死するとも自由は死せん」という言葉もあります。肉体が滅びても、精神が残るからいいという考えです。

しかし、いずれ地球自体が太陽にのみ込まれてしまうのです。地球上で起こったあらゆる活動は無に帰します。芸術も自由も、文化も文明も跡形もなく。死の前では、すべては無意味です。

そうなのです。「死、すなわち肉体が滅びれば無となる」という、目に見える物質だけを実在とする観念においては、何事も無意味です。死は係数〇（ゼロ）であり、〇に何を掛けても〇になるのと同じです。

となれば、「どうして人を殺してはいけないのか」という問いへの答えは、ますます困難になります。それどころか、死ねば無になるというなら、もしその事実を突き詰めて考えるなら、生きている意味すら疑問に思えてくるはずです。

肉体を超えた世界を仮定しなければ答えられない

この疑問に答えるのは、もはや肉体の死を超えた世界があるという考え以外には難しいでしょう。

聖書の愛で答えるのは厳しいですが、輪廻転生の宗教観に照らし合わせると簡単です。肉体が死んでも、自己の意識は保存されるというのですから。その意識の主体を、俗に霊や魂と呼びます。平たく言えば、「あの世」も「来世」もあるということです。

死んだら零になるのではなく、霊（魂）になる世界があったのです。

『前世を記憶する子どもたち』『前世の言葉を話す人々』などを著したイアン・スティーヴンソンをはじめ、多くの研究から、肉体を超えた世界があるのは認めざるをえない状況になっています。学術的な研究でもなんでもないとはいえ、当社への多数の霊的な相談においても、それは事実としかいいようがありません。私たちには死後にも意識があり、生まれ変わって、またこの世に再生することもあるようです。

仏教的にいえば因果応報であり、作用反作用の法則どおり、人を害せば自分もまたそれと同じ報いが返ってくるといいます。その法則が現世で満たされなかったら、時空を超越して、来世でもやってきます。

だから、人を害してはならないのは、何より自分のためだからです。

これは説得力があります。自然界（この世）の法則は弱肉強食であり、死ねば無になるのだから、人を害して何が悪いんだという根源的な疑問には、死んでも終わりにはならない、肉体を超えた意識の世界があることと、因果応報の考えでなければ反駁《はんばく》しえません。

なるほどと思います。死んだら終わり、死ですべてゼロになるというのは、物質的世界観に基づいた一つの仮定にすぎなかったのです。

「来世説」にも満足できなかった

十数年前に、飯田史彦氏の『生きがいの創造』という本が出ましたが、これも臨死体験などによった、肉体を超えた世界について文献的にまとめられたもので、大変評判となりました。そこに、ジョージア大学教授ロバート・アルメダー博士の言葉が引用されています。それをまた転載させていただきます。

私たちは現在、人類史上はじめて、人間の死後生存信仰の事実性を裏付ける、きわめて有力な経験的証拠を手にしています。このことが、哲学や倫理学における今後の考察に対して持つ意味は、きわめて大きいといえます。

人間が死後にも生存を続けるという考え方は、だれにでも認められる証拠によって事実であることが証明できるばかりか、だれにでも再現できる証拠によって、事実であることが、すでに証明されているのです。

私も飯田氏のファンから、飯田氏自身がこんな趣旨のことを語っていたと聞いたことがあります。

「私はあの世があるほうを信じる。もし、あの世があったら、死んだとき、ほらやっぱりあったってことで満足できる。しかし、あの世がないと信じながら実際にあったとしたら、あたふたとすることになる。もしなかったとしたら、信じても信じなくても、死んだらそれっきりで意識はなくなるのだから、あると思っていたほうが合理的。決して損にはならない」

確かに、これは合理的な考えです。

しかし、この、肉体を超えた魂があるという説でも、私は満足できませんでした。肉体を超えた魂にとって、利他の行いが、結局は自分に徳をもたらすと説かれます。利他の行い、すなわちアガペーの愛は、聖書の専売ではなく、仏教の慈悲も同じです。

それでも私はまだ、なぜ聖書の愛はあのように過酷なまでに利他を掲げるのか不思議でした。聖書が敵をも愛せという根拠は何か。それが知りたかったのです。自分の命を投げ出してまで人の命を救うという意思は、いったいどんな信念に基づいているのか。その愛の理屈が知りたかったのです。

「わたしはぶどうの木で、あなたがたは枝です」

聖書の話が多くなりましたが、私は新約聖書だけ、それも斜め読みしかしていません。何年か前のこと、そうやってパラパラとめくっていると、こういう言葉が目に飛び込んできました。

「わたしにつながっていなさい。わたしもあなたがたにつながっています。枝がぶどうの木についていなければ、枝だけでは実を結ぶことができません。同様にあなたがたも、わたしにつながっていなければ、実を結ぶことはできません。わたしはぶどうの木で、あなたがたはその枝です」

わたしというのは、イエスのことです。

木には無数の枝があり、無数の葉っぱがつながっています。葉っぱは、枯れ落ちるときは、それぞれ単独で枝から離れていきますが、それまではみな同じ幹に流れる樹液を共有しています。もし根が枯れたら、葉もまたみな枯れ落ちます。一蓮托生《いちれんたくしょう》です。

そんなことを考えていたら、そこでパッとイメージが浮かんだのです。

ああ、そうか……。

そのイメージとは――。それは、神経細胞《ニューロン》の無限の連なりでした。一個、一個、無数の樹状突起を伸ばし、隣同士で無数の結び目を持った、無限のネットワークが、光の網となって銀河大に広がったのです。たぶん、それはどこかで見た、脳のニューロンネットワークを描いたCGがベースになっていたのでしょう。

個は全体である

聖書にはこんな意味のことも書かれています。

――体は一つでも、そこには多くの部品がある。目が手に向かって、あなたを必要としないということはできないし、頭が足に向かって、あなたを必要としないということもできない。もし、一部が苦しめば、すべての部分がともに苦しみ、もし一つの部分が尊ばれれば、すべての部分がともに喜ぶ。あなたがたはキリストの体であって、一人一人は各器官なのだ。

そうです。無意味な部分は何一つありません。葉っぱもまた、ただ樹液と光の恩恵を受けているだけではなく、光合成をして木全体の役に立っています。幹がなければ葉が生きられないのと同じく、葉のない木は枯れ木です。

私が見たニューロンネットワークのビジョンには、あるメッセージが込められていました。一個のニューロンが、突然破壊されます。破壊は、そのニューロン一個にとどまらず、樹状突起で結ばれた無数のニューロンもまた、ダメージを受けていったのです。それによって、ネットワーク全体の光が弱まりました。個体の消滅は、それ一個のみならず、全体のダメージにつながったのです。

要するに、それら個々のニューロンは、私たち人間一人一人の象徴です。

単にそれは、人の死が、家族をはじめ周囲を嘆かせるという話でも、地位の高い人が欠けたときの社会的な影響力の話でもありません。個の喪失は、それがどんなレベルのもののであれ、それが属するその全体にダメージを与えるということです。いくら嫌いなニューロンが隣にいるからといって、それを抹殺しては、自分が属する組織まで危うくなってしまうのです。

他人を刺せば自分の血が流れる

私たち個々人は、一見、みな独立しているように見えます。自分と他人が独立しているからこそ、人を害することもできるし、なかには、小さなわが子まで手をかける母親がいます。

でも、本当に独立しているのでしょうか。

確かに、集合写真を見れば、体は重なっていてもそれぞれの人の輪郭ははっきりしています。ところが、それを赤外線写真で撮ると、個々人の境界はぼやけ、輪郭はくっついてしまいます。もし、「気」を撮れる写真があれば、赤外線と同じく、個々人の輪郭はもっとあやふやになるでしょう。面白いことに、お互いに共感しながら話し合っている人たちや、愛し合っている男女を眺めると、気が見える人には、お互いの気が融け合い、境界があいまいになっているように見えるそうです。

人は肉体だけの存在ではありません。地球の大気圏や磁気圏のように、皮膚の外に気の層があり、その気でつながっています。さらには、気よりももっと稠密《ちゅうみつ》なエネルギーの海が、すべての魂を浮かべています。

人間は、その海でみなつながっているのです。三次元の目には見えないだけで、霊的な神経や血管がぎっしりと張り巡らされて、互いに絡み合っているのです。

いや、むしろ私たち個々人は、腸管の中の柔突起のようなものだと考えてください。柔突起はそれぞれ独立しているように見えますが、腸壁でみなつながっています。

もっと単純化すれば、私たち個々人は、手のひらでつながる指と同じようなもの。指は単独で独立しているように見えて、手のひらでつながっています。人が傷つけ合うのは、親指が小指を傷つけるのと一緒です。

さらに単純化すれば、二重胎児を想像してください。体の一部を共有している双生児です。そのような双生児は、もちろん互いに個性があります。だからケンカになることもあるでしょう。しかし、だからといって、傷つけ合うことはできないのです。相手の流す血は、すなわち自分の流す血でもあるからです。相手を刺せば、まさに自分の血が流れるのです。もし相手にリストカットの癖などあったら、たまったものではありません。

だからこそ、人を害してはいけないのです。他人は自分、自分は他人、個は全体であり、全体は個です。
地球に六十億人の人間がいれば、六十億の魂が根底でみなつながっています。

覚者はそれを見た

とはいえ、あくまでそれはたとえであり、実際に見知らぬ他人を刺しても、自分の血が流れるわけではありません。しかし、そのとき、霊的にはまさに自分の血も同時に流れているのです。聖書的な解釈では、それぞれがみなイエスの血を宿した神の分身だからです。アガペーの愛というのは、個人の肉体を超えて、その奥の意識体（魂）を支える根底では霊的にみなつながっているという認識に拠っています。

この現象世界の背後にある本質的な世界では、すべての個体がみな一細胞として一つの大きな全体を支えています。その全体を視野に入れた上での行動こそ、アガペーの愛です。前に私は、アガペーの愛が見えたらいいのに、と書きました。私たち人間は、個体でありながら、肉体を超えたレベルでは、すべてがつながっていて、大きな全体を構成しているネットワークの一分子です。すべてがつながっているという壮大なビジョン。それがアガペーのビジョンです。もしそれを見たら、もはや愛の活動家にならざるをえないでしょう。

それを見たのがイエスであり、ブッダなのだと思います。つまり、第七感界を知覚した聖人たちです。

サハスラーラは第七感界への扉

利他、慈悲、愛などを説く聖人というのは、この世の肉体を超えて、個体同士がつながっているという本質を知った人たちなのでしょう。

これは、ヨーガでいえば、第七チャクラのサハスラーラが開いたときに獲得できる視野です。神秘学に傾倒している人は、一種のボディワークとして、チャクラ開発の修行をしています。

ところが、逆にいえば、そんなことをしなくても、アガペーの愛を日々のなかで実践している人は、サハスラーラを開いたのと同じレベルになるのです。

わが身を捨てて、行き倒れの人たちを優しく介抱するといった究極のボランティア活動をしている人たちは、愛の大きな実践者であり、霊的には、ヨーガの長い修行の果てにサハスラーラを開発した行者と同等なのです。ただし、そこには微笑みの光がなければなりませんが。

そのどちらがいいかというと、それは個人の趣味ですが、一人で山にこもって瞑想に耽《ふけ》るより、現実の社会に生きながら、できる範囲で愛の実践をしていくほうが徳があると思います。そういう人を、神が見捨てるはずはありません。

これからの世は、アガペーの愛に目覚めた新人類によって、それが暗黙のルールとなった世界が営まれることになります。つまり、第七感界の到来です。

第七感界は神へとつながる道なのです。

善悪とは?

善悪もこれで解釈できます。

みなさん、ここで善とは何か、悪とは何かについて、説明してみてください。ちょっと難しいでしょうか?

私の定義はとてもシンプルです。

アガペーに基づいた行動が善であり、それを持たない、自分しか見えない行動が悪です。

実に簡単。当然、悪には「愛がない」ということになります。

だから、自己増殖しか頭にない、周囲の組織の調和を乱すがん細胞などというのは、端的に悪といえるのです。

悪は、組織の外部に独立して存在し、善と対立するといったものではありません。組織の中から生まれながら、全体が見えなくなり、自己保存本能に駆られているものをいいます。

愛は、個を愛するとともに、全体の利にかなっている限り、善です。それがアガペーです。愛は盲目という言葉がありますが、全体が見えない情愛の愛は、悪にも陥りかねません。

アガペーの愛を感知した人たちによって、人類の新たなステージがやってきます。近年の核廃絶の機運は、第七感界から漏れてきた光の流れの一環です。みなさんも、どうぞその流れに取り残されないように。

その反動で、悪の勢いも増すでしょうが、これは一種の好転反応みたいなもの。楽観は許されませんが、悪を怖れるあまり、それが常在するという見方をもつと、本当に常在してしまいます。悪は身の内にあり、愛の光の影に潜みます。意識を愛で隅々まで満たせば、悪が這い出る隙はなくなるでしょう。

光は愛

私はこれまで、一心に波動装置を製作してきました。決して聖人のような、高尚な愛の意識を持っていたわけではありませんが、少しでも人のヒーリングになるように、あるいは土地の邪気が浄化されるようにと、すなわち心意気としては、光あれ、と、念じてやってきたつもりです。

悩み、考えを巡らせることだけは人一倍やってきました。苦しくて歯ぎしりしながらも、根底には、光あれ、のハミングがずっとあったと思っています。といっても、私の場合は心が洗われる教会音楽とは程遠い、ド演歌の節回しなのではありますけれど。まあ、私にはそのほうが似合っています。

闇夜の墓場は怖くて近づけなくても、さんさんと降り注ぐ光のもとでは、お弁当も開けます。私はただ、そういう闇を明るくしたいと思っているだけです。

五章に登場していただくお二人をはじめ、オルゴンエネルギーの共鳴者のみなさんから、当社の装置から光が見えるといわれるほどうれしいことはありません。それどころか、写真家の奥聖氏は、オルゴン装置から放たれる光をフィルムに写し撮ってくれたのです。まさに、感謝感激です。

五章　共鳴者たち

——次々と現れる共鳴者たちには分け隔てなく

社員からも学ぶことがある

この二十年の間には、多くの人たちとの出会いがありました。それは単に、波動装置の愛用者、すなわち当社商品のお客さまたちだけではありません。

目に見える世界の奥に、目に見えないエネルギーの世界があることを知り、そのエネルギーを用いてこの世をよくしようという人たちがけっこういます。なかには著名人や、ふつうなら、こちらからギャラを出さなければ会えないような権威のある人もいらっしゃいました。

それらはみな、なぜか自然に向こうからやってきた人たちばかりです。やはりそれは、私が呼ぶというより、オルゴンエネルギー製品が発する心地よい気のエネルギーが招くというべきでしょうか。

田中君などは、どんなに名の通った人にも、お世辞一ついわず、なんの特別扱いもしないで、実にあっけらかんと接します。付き合いづらい有名人より、気の合ったおばちゃんなんかにずっと親身になる癖があるようです。

それと同じく、百万円の商品を購入してくれたお客さまにも、千円の商品を購入してくれたお客さまにも、態度はまったく変わりません。はたから見たら、なんて商売っ気がないんだろうと、きっと歯がゆく思うでしょう。

そんな彼女に、私は小言などいいません。私自身がそうですから。彼女は私の態度をマネしているのでしょうか？　いやいや、社員の生活を預かる身としては、少しは商売っ気があります。あの分け隔てのない平等の精神を、私がマネしたいくらいです。決して皮肉ではなく。

そういう分け隔てのない接客態度は、短期的には大きな商機を逃がしているのかもしれません。けれども、たとえ販売効率は悪くとも、長い目で見れば集客の種まきになっているのだと思います。

彼女はだれにでも、自分が楽しいと感じたときには豪快に笑います。どんなに偉い先生の前でも臆することなく。それが人を惹きつける磁力になっているのです。その磁力には、きっと福の神も引きつけられるでしょう。

二人の素晴らしい原石

彼女はそれを無自覚に、天性の資質で表現しています。まあ、簡単にいえば「気の向くままに」ということですが、人付き合いにおいては、さすがに私はもう少し打算が入ります。気の向くままだけでは社長は務まりません。

接客においては私も分け隔てのないつもりだとはいえ、共同事業の申し込みや売り込みなどで、次々にコンタクトしてこられる人ともなると、選別しないではいられません。とにかく玉石混交ですから。

それでも私は決して、いま利用価値がある人物、いま輝いている玉だけを懐に抱え込むのではありません。

いまはさほど有名ではなくても、熱い志と情熱をたぎらせた、いずれ世に出るに違いない、強力なオーラを持った人もいます。私はそういう原石の輝きを秘めた人と会うのが大好きです。また、そういう原石を世に出すために、プロデュースできればいいとも考えています。それは楽しい仕事になるでしょう。世間に、超三次元のエネルギーがあることを、少しでも知らせてくれればいいのです。

そのエネルギーの波の一端にでも触れさえすれば、触れたものはきっと磁化されて、磁石が磁石に引きつけられるように、必ずオルゴンエネルギーが渦巻くこの福岡の天神へ引きつけられるはずなのです。

ということで、本章ではオルゴンエネルギーに親しんでいる二人の熱い人物を紹介することにします。二人ともすでに大きな才能を開いていて、もう原石でもなくなっているのではありますが。

Ⅰ　陽気施術師

ヒーラー・山脇由美

福岡県直方市。山脇由美先生の施術院にいくと、時間の流れが違うような気がします。小波をきらめかせながら、ゆるゆると流れる河のように、時が流れを緩めてたゆたうような。「ひねもすのたりのたりかな」の、蕪村の春の海の光がありました。

実際、田中君などが話を伺いにいったりすると、どっぷりとその時間に浸ってなかなか戻ってこないことになります。

とくに縁側は日差しがいっぱいで、一度そこに腰を下ろそうものなら、もう立ち上がりたくなるでしょう。そういう陽気が、院内全体に行き渡っています。黄金の日光が、縁側からあふれて、隅々まで少しの陰もなく満ちているかのよう。

陽だまりというように、確かにそれは陽の光。光は、陽気です。でも、陽気は光だけではありません。

微笑みを浮かべたマリア様や観音様を想像してください。恵比寿さんや布袋さんを想像してみてください。そこには、何か温かな気配があるのが感じられませんか。それでもまだ陽気が実感できないとしても、少なくとも陰気ではないことがわかるでしょう。

そんな人間を超えた存在だけではなく、私たちの屈託のない笑顔、元気いっぱいな子どものはしゃぎ声、朗らかな笑い声にも陽気は宿っています。

笑顔がまぶしいと表現されるように、それも光なのかもしれません。きっとそこには、目には見えなくても、明るいオーラが放たれているのでしょう。結局、陽気は一種の光の波動だということになるようです。

笑う門には福が来るといいます。なぜかというと、笑いも福も陽気であり、同じ波動が共鳴するからです。

福が欲しければ、まず自分が率先して陽気になること。陽気になれないというなら、まず身近な人に微笑んでみることです。

山脇先生のお宅で一番威張っているのは飼猫です。もとは野良猫だったくせに、セミナーの最中も、わがもの顔で寝ています。人間などお構いなしの呑気ぶり。さすがに笑っているのかどうかは顔からはわかりませんが、あの猫が一番陽気で幸福なのかもしれません。

豪快爽快

山脇由美先生は、一九六一年、ご両親ともに教師の家庭に生まれました。陽気のたとえに、微笑みを浮かべたマリア様などというと、山脇先生自身、さぞ穏やかで楚々とした大和撫子かと思うかもしれませんが、決してそうではありません。どうぞ勘違いなさらぬよう。などというと、「そうしておいてくださいなッ」と突っ込まれてしまいそうな、チャキチャキでとても賑やかな人です。三人の娘の肝っ玉母ちゃんであり、施術の最中でも笑い声が絶えないのです。

泣いて暮らしても一生、笑って暮らしても一生。もしがんになって余命が宣告されたら、泣いても笑っても死ぬのは一緒。どうせいつかはみんな死んでいく。それなら笑っていたほうがいい――。そういうプラス思考の考えがありますが、そんなことを頭で考えて、笑顔のスイッチを頑張って入れなくても、山脇先生の施術院に行けば、豪快な語り口と人柄に、笑いが自然に誘い出されます。

そうやって笑えば気も晴れて、自然に心のしこりもとれている。その結果、体の調子もよくなるという寸法です。

笑顔は光

仏教には「無財の七施」というものがあります。お金がなくても、ただでできる七つのお布施ということですね。そのなかの一つに、「和顔施」があります。これは、「和やかで穏やかな顔で人に接すること。優しい微笑みをたやさないこと」だといいます。

和やかな笑顔を見るとほっとします。銀行やデパートで、お姉さんがにこにこと親切に案内してくれるだけで、営業スマイルだとわかっていてもウキウキします。日常の生活のなかで、初対面の人でも、その人の人柄から出ていると感じられる笑顔が注がれると、一日中楽しくなります。それが人間です。

マザー・テレサも、シスターたちにこう説いています。「平和は微笑みから始まります。笑顔なんてとても向けられないと思う人に、一日に五回は微笑みなさい」と。気が滅入ったり、落ち込んだりするのがこの世の中ではあるけれど、そんなときにこそ笑顔を作るようにしなさいと。

どんなに貧乏でも、たとえ死の床にあっても、笑顔を浮かべること自体は物理的に難しいことではありません。少なくとも、手を動かすことより簡単でしょう。それさえ惜しむのが人の心でもあります。それも一つの陰気です。

笑顔には光が宿ります。笑顔は笑顔を呼びます。笑顔は笑顔を共振させます。怒りや涙もよく伝染するとはいえ、一番感染力が強いのが笑顔でしょう。

しかも、それは他人の心を照らすことで、いわゆる利他の徳となるだけではなく、自分の直接的な得にもなります。なぜなら、皆さんよくご承知のように、笑えば免疫力がアップし、健康にも役立つからです。だから笑っていたほうが大いに得なのです。

そんな陽気を引き出してくれるなら、それだけで施術の名人といえるでしょう。

会報が鍋敷きにちょうどよかった

ここからは、依頼して書いていただいた自己紹介の手記と直接のインタビューをもとに、私との対談というかたちで紹介させていただこうと思います。

まず、当社が山脇先生とお付き合いが始まったのはどういう経緯だったのでしょう。そのきっかけは？

「雑誌か何かの広告で、生活活性の製品は知っていたんです。そこで見た七角形の製品が影響したらしく、夢で白いドレスのエジプト女性が、黄緑の七角形のペンダントをつけていたんです。そして笑っていました。それが、いま必要なもの？　と思って、ホームページを見て資料を請求したら、毎月『波動チャンネル』が送られてきましてね、しばらく。なのに、ずっと中身を読もうともしなかったんですけど、あの小冊子、ちょうど鍋敷きによかったんですよね」

『波動チャンネル』というのは、私も月々拙文を寄稿している当社の会報です。

「ああ、なーるほど。厚くもなく薄くもなく、大きくもなく小さくもなく、ねえ」

「確かにちょうどいいかもですねえ」

同席していた田中君が、ちょうどテーブルにあった『波動チャンネル』を手にとり、それを鍋の下に敷くマネをしてから、「ちょっと、ちょっと」とツッコミのパロディーをしてみせます。まあ、そうやって小冊子が目になじんでいくうちに、当社の製品を注文し、施術院で使用することになったというわけです。

製品は、先生の施術をサポートする、よい道具となったようです。そればかりか、より効果的なパワーが出るように、その製品を自分なりに改造して使用しているというから恐れ入ります。

当社の製品は施術師の方々がよく使用されていますが、自分なりに改造を加えているというのは、山脇先生ぐらいではないでしょうか。貴重な存在です。それで施術効果が上がるのですから、私がとやかく言うことではありません。というか、もしこうすれば性能が向上するという点があれば、ぜひメーカーとして今後の製品作りに反映していきたいと考えています。

不治の病も一回の施術で緩和!?

山脇先生は、そういう陽気な施術師として実績のある人物ということだけでも紹介するに値します。しかし、本書で紹介するからには、不思議なその施術能力をお話ししないわけにはいきません。その能力こそが、山脇先生を際立たせている特異なパワーであり、また現代に必要とされているのがそのヒーリング能力なのです。

先生のもとには、やはり不治の病の方々がよく来られます。現代医学で治らない人たちが、最後の頼みとしてやって来ます。先端医療の治療を受けても治らなかったものが、たった一回の施術で緩和することがよくあるのです。

では山脇先生は、いったいどんな施術をしているのでしょう。

「施術を受けられる方は、みなパンツ一枚になってもらいます。私も最初の何年間は、一般の施術師と同じく、肌の色艶をみたり、骨格の歪みをみたり、ツボをみたり、全身を押したり触れたりして、技術で判断していたんですが、そのうち、そんな技術なしでも、ここが重いとか、詰まっているとか、どこが悪いのかがわかるようになりました。例えば、重い失調の人には目を見ながら光を通します。目の奥へ光が抜けていく人はまずよくなります。そして、その体に振動する言霊《ことだま》を入れます。そのとき、西海社長の器具がいるんです」

光というのは山脇先生がイメージするものであり、わかりやすくいえば気といってもいいものでしょう。ヒーリングのエネルギー波動です。単なるイメージではなく、山脇先生には実体として見えています。霊感の強い人が写真をとれば、たぶん光が写っていることでしょう。

性格の偏りと体の症状

「ということは、光が抜けない人はよくならないということですね」

ええ、と先生はうなずきます。

「よくなる人と、よくならない人というのは何が違うんですか？」

「性格がいい、というか、素直な人は反応が出やすいです。頑固で意固地な人は難しいですねえ……。全身を透視するんですが、それは体をみるだけではなく、その人の心の状態もみさせてもらうんです。もし私に特殊な能力があるのだとしたら、その人の純粋性を見抜くんだと思います」

「純粋性？」

「抽象的ですけど。純なところがあれば、私が共感するんです。でも私が、ああこの人は頑固な性格だなあと思ったらまず難しいですね。そういう人から、先生、よくなりますかって聞かれても、答えに困ります。だって、あなた頑固な性格だから無理よ、だなんていえませんもん」

山脇先生は、声を張り上げて首を振ります。

「確かにねえ。その頑固な性格が病根ですか」

私も苦笑い。

先生には、その頑固さが形成された背景もわかるようです。ただし、その形成された環境が不可抗力であったなら、まだ救われる余地があるといいます。

「どうしてそんな性格になったのか。例えば嘘をついたり、暴言を吐いたり、人を傷つけることを口にする人がいます。意地悪をしてきた人でも、自分を守るために仕方なくそうせざるをえなかったというケースも中にはあります。環境によって悪を食べさせられてきたといいますか。自分でも不本意ながら、そうしてきてしまったというのは、まだ同情の余地があります」

「その人本来の魂は素直なのに、環境がそう変えてしまったというような場合ですか」

「そうですね。そういうケースは、よくなることがあります。でも、本人によくなりたいという気持ちがなければ、まず光は通らないし、ダメですね」

「先生に嫌われたらおしまいですね」

「いやいや、私に生殺与奪権なんてありません。私なんか何もしていません。よくなるかどうかは、その人の魂しだい。神が癒すといってもいいんですけど、私はその人が救われるお手伝いをしているにすぎないのかなあって思うんですよ」

名医といわれる人はたいていそういうことを言います。治すのは神で、医師はただその手助けをするにすぎない、と。

優れたイメージ力

「山脇先生は美大を出て、絵心がある人です。私は、先生の施術の力には、絶対そのイメージ力が大きく貢献していると思うんですよ。先生の得意な、指の先から鍼を出してポンポン打つっていうのは、イメージ力なのかどうかはわかりませんが。もしこの道に入っていなければ、先生は芸術で人を癒していたんでしょうなあ」

どっちにしろ、人を癒すのが天職だったのでしょう。

「確かに、施術、治療、医療は芸術の世界です。人体芸術です」

山脇先生は断言します。

「ほう、『人体芸術』ですか。なるほど。空間認識や描写力が優れているということもあるんでしょうけど、自分の思ったとおりに現実が組み立てられるということだと思うんです。体不調者のここの詰まりをとろうとイメージしただけで、そのとおりになってしまうというか。先生にかかれば、人体は粘土の人形みたいなものですね」

自分の気のめぐりをよくしたり、相手に気を送ったりするのも、まずイメージが大事だったはずですし、実際気功師がヒーリングで気を送っているときは、イメージ脳の右脳の血流量がアップしています。

「人体芸術に関してのイメージというのは、内臓や神経などの体の内側をイメージするだけではなく、細胞レベルで感じることです」

「それはすごいですねえ」

透視能力

「私は彫刻もやっていまして、丸太から人の体を彫り出していくんですが、人体の中身がどうなっているか、臓器や骨格がわからないと、がっしりとした体は作れないんですね。いっぺん全部貫通してみないと本質はつかめません」

「そういえば、セザンヌだったか誰だったかな、リンゴも目に見える表だけじゃなくて、ちゃんと後ろも描かなくちゃリンゴにはならないっていうようなこと、言ってなかったかな。レオナルド・ダ・ヴィンチも、解剖をして体の構造を執拗に調べていましたよね。だからあんなにリアルな絵が描けたんでしょう」

「そういう一部の者にしかない透視の能力を使うのではなく、切って開いて、解剖図を描いて、写真にとって、誰にでもわかるようにしようというのが学問の世界ですから。それはそれで大切なことですけど」

「でも、その透視能力は、本来人間にはあったものなんだと」

「ええ。私には医学の道に行くには、お金もないし、勉強する時間もなかったですけど、医療の世界に入りたいという願望が強くあったので、磨けるのは人間本来の能力だけしかなかったから、そういう中身を覗く能力が鍛えられたんだと思います。これが医学部に入って医者にでもなっていたら、そんな力は封印されたまま出てなかったでしょう。エックス線検査やCTがあれば」

医は術である

「医療は芸術、人体芸術だという話に関連したことですが……」

「はい」

「ずいぶん前に、柳田邦男さんと聖路加病院の日野原さんとの対談を何かの本で読んだことがありまして」

「ああ、あの百歳近くのおじいちゃん」

「元気ですよねえ。で、その本で、オスラー博士というアメリカの有名な内科医の言葉が紹介されていましてね。『医はサイエンスに基礎づけられているアートである』だったかな。いまは医学という言葉を使っているけれど、昔は医術という言葉だったんですね。ギリシャ時代にあったテクネという言葉が術という言葉に当たるらしいんですけど……」

「テクニックもそこからですか」

「そうですね。音楽でいえば、どんなふうに楽器にタッチするかがテクネ。それと同じく、患者の心と体にどうタッチするか。そういう患者へのタッチをアートとして考えたサイエンスが医学なんだと。私たちはもう一度、失ったアートを医学に取り戻すべきだと、そんなことを日野原さんが言っていました」

「なるほど、タッチですね。いろんな意味で触れることですよね。いまの医学は、検査データや臓器を見るだけで、その人自身に触れようとしなくなっていますから。心に触れないどころか、手をとったり、肌に触れたりすることさえ少なくなりました」

「施術師の施術という言葉は、西洋医学と区別するために使っているのかもしれませんが、本来医療は学ではなく、術だったんですよね」

「顕微鏡を見る前に手当てでしょうから。タッチが先決です。そうですか、パンツ一枚になってもらって肌に触れるのは、それだけで、人体というギターを鳴らす、癒しのアートでなくちゃいけなかったんですね」

「人体美術に人体音楽ですか。先生がこれはなおらないなと思うのは、なおせないというより、うまく鳴らせないって思う人なのかもしれませんねえ」

つまり、共鳴できないということです。

「霊障」が原因の失調もある

「先生、病気には霊が原因になっていることもあるんでしょう？　いわゆる霊障」

最近、とみに気になっていることを聞いてみます。

「そうです。このへんの話になると人はそっぽを向きますが、見える人には大いに現実なんです。私にはお医者さんの知人がけっこういまして、こんなことを言っていた先生もいます。心臓が痛いということで薬をもらいにくるご婦人がいるんですが、原因は狭心症でもなんでもないんですって。で、『何年か前に亡くなった息子さんがその胸におんねん。息子成仏させせんと治らへんやん。でも、まさか医者がそんなこと言えんやろ。だから、この薬は副作用強いからやめときって取り上げた』って。それとか、院内で亡くなった霊体が鏡の中に入っていて、それをとって掃除するのが大変やったんや、とかおっしゃってますよ」

その先生、どうやら大阪の人のようです。

「いや、私の義理の妹が医学部教授の秘書をやっていたもんですから。その手の話はよく聞きますよ。その大学では、手術中に患者が死んだときは必ずお参りにいくんですね。で、先生どうしで、きのう出た？　ああ、出ましたね、なんていう話をふつうにしているって。何が出たかはおわかりでしょうけど」

「私もそのお医者さんに、『背中の後ろからついてきている人だれ？』なんて言われたこともありますよ。『あら、だれですかねえ？』。肩越しに目をやって、『何か用事？』なんて」

まあ、こういう話をあっけらかんと、田中君と三人で笑いながら話すのです。

「医者がマスコミに出てきて、霊がどうしたなんて言ったら追放されてしまいますからね。そういう話はマスコミには出ないだけで、医療現場ではみな感じていることだし、体験していることなんです。公にはタブーだけど、暗黙の了解ってやつでね。マスコミには絶対出ませんよ。医者だって、めったなことじゃ言わない。だから、霊なんて非科学の迷信で、そんなのを信じるのは田舎モンだって思っている人がけっこういますが、科学者の医者が出るって言ってるんだから」

「内科・外科・精神科のほかに、霊障科なんていうのもあっていいと思います」

「ああ、それは、はやりそうだ」

医学の発展で、ロボットの部品のように、臓器はこれからどんどん交換可能になるでしょう。しかし、それでも病気は消えません。人間に心がある限り、霊障は生じます。脳かどこかはわかりませんが、自分の魂がある限り、霊に障られることで生じる失調は避けられないのです。

現代は心の病が多い

近頃は、心が歪んでいる体不調の方が多いそうです。それもまた、私たち人間が霊的存在であることが蔑《ないがしろ》にされている、この時代の当然の成り行きなのかもしれません。

かつては、自然のすべてにスピリッツを感じ取っていた古代人は、死者の魂を丁重に弔い、もしその霊眼によって浮かばれない霊をキャッチしたなら、慰霊によって帰天させていたのだと思います。感染症による死亡率は高かったとしても、霊的な原因で生じる心身の失調は、たぶんいまより少なかったでしょう。

心身一如、つまり心と体は一体という言葉があります。また霊主体従、つまり霊が主体で体はそれに従うという言葉もあります。

私は、霊が体を直接支配するのではなく、そこには心が介在するのだと考えています。

つまり、霊・心・身の三位一体ですが、霊と身をつなげるのが心だと。気取っていえば、インターフェース。霊が関与する身体の失調も、陰気な霊の波動に心が同調するからではなかろうか。そう考えます。だから、笑う門には福来るというのも、笑えば陰気な波動と同調しなくなり、少なくとも不幸な目には遭わなくなるということではないだろうかと。

さて、身体的に不調を訴える人でも、そのもとを探れば心に原因があることが多いそうです。例えば良性腫瘍の場合、その腫瘍を取り除けば健康が回復します。それと同じく、その心のしこりをほぐせば、心の調子がよくなるのはもちろん、身体の不調ももとに戻るのです。

親からのマイナスの言葉が心のしこりをつくる

「病気になる人は心にクセがある人が多いんです。そのクセの原点をずっと探っていくと、たいてい幼少期に親に与えられていた言葉に訓練されていることがわかるんです。不安を煽ったり、意味なく競争を煽ったり、自己否定に向かわせたりする、いわゆるマイナスの言葉に洗脳されてしまっています。早くご飯を食べろ、服を着ろとせかされ、成績が悪いとののしられ、男の子なんだからしっかりしろ、ほんとにグズでダメな子なんだからとか言われて、それが後に、催眠みたく効いているんです。だから外に出るとずっと戦闘態勢。いつも不安。心も体も縛られて、ガチガチに固まってしまっています。何かあるとドキドキして、交感神経バリバリでヒートアップしてしまう」

「小動物みたいに、いつも不安なんですねえ。だから、小動物は寿命が短いのかもしれませんね」

「ああ、そうかもしれませんね。だから、そういう人には、世の中別に闘わなくたっていいしって。リラックスしたってできますよと。ただ処理をしていけばいいのに、外の風圧には立ち向かっていくんだー、闘ってやるー！　って、それで肝臓がやられたり、神経を病んだりします」

「風に揺られる柳のほうが強いんだと」

「ええ、しなやかなほうが強いんですね。潜在意識に染み込んだその世界観が間違いであることを知らせるために、いつも『それはウソです！』って言ってやるんです。それが決めポーズでして。そんなの幻だよと」

ウソです、と言うのと同時に、山脇先生は、なんとか光線を出すウルトラマンのように、ばっと両腕で宙にバツ印を描きます。決めポーズの表情も、なかなかお見事。

「まず洗脳を解いてやると。施術の名人というのは会話術にも長けてなくちゃいけませんね。暗示力が求められるんだな。そういえば先生は、前の仕事が実演販売で、かなり成績がよかったそうですね。客の心を操るのがよほどうまかったんでしょう」

「医者も施術師も、まず不安や怯えをとってやらなくちゃいけません。だからいつも私は、すぐよくなりますよー、って明るく言うんです」

「で、実際よくなるんだからすごいですよね。医者や施術師は、逆にいえば、実演販売の名手にならなくちゃいけないね。どんな汚れでも簡単に落とせる洗剤があるんだと納得させるのと同じく、病気も簡単にクリーニングできるんだと信じ込ませることが大事。患者なんか、それだけで気持ちが救われますからね。医者はまず心理療法士にならなくちゃ。山脇先生は、心理学のほかにお笑いの吉本学も修めているからえらいよねえ」

一反木綿になれ

「先輩の施術師の先生が、少年のカウンセリングをしているのを、傍らで耳にしていたことあるんです。その先生、あなたは両親に大事に育てられてきたんだから、ちゃんと言うことを聞いて真面目にやらなくちゃだめよ、みたいなことを懇々と説いているんです。相手は、ハイ、ハイ、とうなずいてはいますけど、全然聞く気がないんですね。で、その先生がちょっと席を外したスキに、私がすっと近寄って、『適当でいいよ、人生。人生適当！』って。で、先生が戻ってきてまた同じことを繰り返します。最後に先生が帰ったあとで、また私が『適当でいいんだからね』と言うと、その少年、ちょっとかしこまって、『先生、結局ぼくはどういう生き方をしていけばいいんでしょう？』と。『いや、どういう生き方じゃなくて、これまで人の顔色をうかがってばかりのネズミ男みたいな暮らし方をしてきたんだから、それをやめたら？』って言ったら、真顔で、『ネズミ男じゃなかったら何になればいいんですか？』って。で、私が『ネズミ男じゃなかったら？　じゃあ、あしたからは一反木綿《いったんもめん》になったら』って」

さすがに私は吹き出しました。

「『はい、わかりましたー』と笑顔で帰ったその少年、いまではリッパな青年になっているそうです。ただし、彼が帰るとき、玄関先で、『親に言うなよ。言ったらぶっとい鍼刺すぞ』と口止めはしたそうですが。

私もこれからは、一反木綿のように、ゆらゆらと風に乗って飛びますか。まあ、風に揺れる柳よりは自由があります。

いまでこそ、悠然と構える一反木綿の愉快な施術師だとはいえ、山脇先生自身、過去には心の問題で健康を害し、それどころか死ぬことまで考えたといいます。実際、リストカットを何度も試みては死ねなかったという、心が地獄に堕ちていた時期もありました。

そういう心の問題をなんとかクリアして、いまの笑顔の陽気を手に入れたのです。精神が病むつらさは人一倍体験しています。だからこそ、人の心の歪みもわかるし、その暗がりから日差しのあるほうへ導くことも、よりうまくできるのでしょう。

チラシもまかないうちに予約でいっぱいになる

「ところで先生、施術院を開いたのはいつですか？」

「平成八年です。東洋理学療術院の名前で。オイルマッサージやオステオパシーの資格などいろいろとりまして。開業した場所は、母の実家の祖母の家にしました。開業の前日、家の前で準備をしていたら、通りかかった祖母の知り合いのおじいちゃんに、ばあちゃん元気かね、と声をかけられて。『あしたから開業するけど、まだ宣伝もしとらんのよ。おいちゃん、きょうはただで施術するから、よかったら誰か三人連れてきてね』と言って丁寧に施術してさしあげまして。すると翌日、開業おめでとうございますって、大きな花かごを持ってやって来た人たちがいたんです。母の教え子の方々だったんですね」

「そのおいちゃんが宣伝してくれましたか」

「ええ。その日、すぐに役場に行って話をしてくれたんです。その役場の職員さんに母の教え子さんがいて、それで話は村中に。チラシもまかないで、一カ月間の予約が全部埋まったんです。毎日毎日人が来ました。不思議でした。私の実演販売の先生や、療術学校を紹介してくれた人たちが同じことをいっていましてね。『由美ちゃん、これまでの苦労はね、みな神の禊《みそ》ぎだったんだよ。あとはまっすぐ人助けして生きていけ』って。それからずっと、その意味を考えているんです。私はたくさんの人に助けられたんだから、自分ができることで人の役に立てればいいなとは思っていますけど、その言葉には、いまの私にはまだわからない深い意味があるんじゃないかって」

夢で『アイヒト研究所』の名前をもらう

「そこからいまの直方に移るんですね」

「はい。父が倒れて、それで実家に帰ることになったんです。そのとき、夢のなかで、アイヒト研究所の名前をもらったんです」

「アイヒト？」

「だれか、『ラブの愛に人？』って言った人がいましたが、それじゃ愛人研究所になっちゃいます」

「そりゃ、私も相談に行きたいですわ」

私もお決まりの反応をしておきます。

「だったら面白いんですけど、残念ながら全部カタカナ。アは宇宙。イは風、元素。ヒは火、太陽。トは十、人間を表すんだと」

そういえば、人のヒトというのは、言霊学でいうと霊止《ヒト》といい、霊を止めるものだという話を聞いたことがありますが、これと関係しているのかなと思いながら、私は聞いていました。

おまえは人に習うな

「いろんな人たちから、お前は人に習うな、何事も自分で考えて、自分独自の療法を開発するんだよといつも言われてきたんですね」

「先生は、生まれながらに人を癒す力があったっていうことなんでしょうね。その力をみんな感じていたんでしょう。人に習うなというのは、持って生まれた才能が、下手にフィルターをかけられてしまわないようにっていうことでしょうね。癒しの水は、既存の療法をあちこち掘って出すものじゃなく、自分自身を掘って出すもんだと。すでに山脇先生は、それを蓄えているんだからと。それを見抜くまわりの人たちもすごいですねえ」

私は驚きを素直に表しました。

「私は決して、自分の能力が一番だなんて思ってはいませんけれど、健康法にしろ施術器にしろ、これまで何かにどっぷり浸かるってことはなかったです。実際、いろんな療法や健康法に当たって、講習会にもあちこち参加したんですが、日本の既成の療法に、私が心底共感して身をおけるものはありませんでした。気功はずいぶん普及して世間的に認知されていますが、その気功も私の理想とは遠いです。気功もまだまだこれからです。気はまだまだ進化しますよ。〝気は無限に進化する〟ですか」

「これはお株を奪われましたね」

気は無限に進化する、というのは私のテーマです。ハハハ、と私は後頭部に手をやりました。

「波動の発生装置もいろんなものを使ってみましたが、西海先生の製品は完成度が高いです。だから施術する私の思いどおりに動きます。とても使い勝手がいいんですねえ。でも、もっと先生らしいものが、これからも出来てくると思いますよ」

「じゃあ、老骨にむち打って、これからも頑張らなくちゃいけませんなあ」

「そういえば田中さんは、私には初めての女性の応援者なんですよ」

「女性というか、おやじみたいなもんでしょう」

「あ、笑っていいんですか？」

「本人にも言ってることですからね。気にしませんよ」

「確かに田中さん、私と同じにおいを感じました」

と言って、言われた田中君と二人で、ウワッハッハ、と豪快に笑う女性たちは、私も顔負けのおやじぶり。文章ではその豪快ぶりが伝わらないのが残念です。

「女性の応援者が出来たというのは、私にとっては一つのサインかと思います。女、子ども、おばあちゃんなんかが楽しんで使えるものが出来ることを期待しています。今年は先生の波動器を相棒に、きっとすごいことになると思っています」

それはぜひ期待いたしましょう。

ヒーリングマットで夫婦仲がよくなった

「そういえば、波動ヒーリングマットでこんなことがありました。妹さんに連れられて、いやいややって来たご婦人がいるんです。顔は黒ずんで、なんで私がこんなところにっていう顔でふてくされているんですね。で、私がズバッと、体調悪いですよね、失礼ですが原因はご主人ですよね。夫婦仲悪いでしょうって畳み掛けたら、あっけにとられた顔をしたかと思うと、よくぞ聞いてくれましたという感じで、ポロリと涙が……。ああ、もう我慢の限界にきているんですね。わかりました。でもね、あの世にいくときに一緒にいくわけじゃないですから。別々に神のもとへいくんですから。関係ないから割り切りなさい。そう言うと、やっと落ち着いたんです」

ヒーリングでは、ワンワン泣くのは大事です。なかなか泣く場所がないので、みな涙を堪えます。どんどん鬱積《うっせき》していきます。大泣きは一種の自浄作用。泣ける場所は、それだけでヒーリングスポットになります。

山脇先生の話には、その婦人の後日談がありました。

「またその婦人が来院したとき、波動ヒーリングマットのポスターを見て、先生、あのマットを敷いて寝たらどうなります？　と聞くので、スカーッとするよ、ニコニコってなりますよって言ったら、うちのお父さんにどうかしら？　なんて言うんです。あれ？　と思いながら、あえて私は、あの頑固オヤジに？　頑固オヤジには要らんでしょう、と。でも、頑固オヤジに寝かせたらどうなるやろか？　って言うから、頑固が外れるよって。じゃあ、それくださいと」

そう言って当社の商品を購入してくださったのですが、さらに後日談。

「先生、頑固が外れました！　ものすごくよくなったー！　って大喜びでやって来たんですねえ」

いま、二人は前よりずっと円満な生活を送っているそうです。

当社の製品もアレンジする

「山脇先生は、自分で開発しなさいと、いろんな人に言われてきたんですよね。そもそも何であれ、先生は、百パーセント信じきって身を投じるなんていうことはしないで、自分であれこれ工夫する人ですよね」

「いいんだか悪いんだか」

「それでいいんですよ。だから、ウチの製品もバラして改良を試みる。クリスタルスティックに鈴をつけたなんて、なるほどなあと思いましたよ」

山脇先生は、当社製品のクリスタルスティックをアレンジして鈴をつけ、それを施術で使っているのです。ふつうなら、自社製品がバラされてアレンジされるのを許容することなどまずないでしょう。けれども開発者の私自身、それが最終形態だとは思っていないのです。使用者が、その専門分野の目的に応じて、それぞれにアレンジするというのは、むしろ推奨したいくらいです。

装置の目的は、あくまで健康効果にあるわけです。どこかを調整したり、何かを加えることで効果が増せば、それにこしたことはないのです。もともと私が最初に出した本が『「気」驚異の進化』ですから。そこには、オルゴンエネルギー発生装置によって、気のエネルギーが驚異的進化を遂げたことが記されているとともに、これからのさらなる進化も予想されています。

車が馬車からエンジン、ハイブリッド、電気自動車、燃料電池車へと進化していくように、癒しの波動装置も、技術の発展とともにどんどん進化していくべきものなのです。これが最後の、究極の製品なんてものはありえません。

「クリスタルスティック」で霊障も楽に解ける

「勝手に手を加えてしまって、すみません。でも、まず発想として、音を加えると、エネルギーがもっとうまく入っていく気がしたんです。特に神事で欠かせない鈴の音は、その効果が強いだろうということで。実際そのとおりでした。除霊効果抜群で、私もずいぶん

Rin
Rin

楽になりました」

その鈴の音は、オルゴンエネルギーと共振したということでしょう。祭事に用いられる、伝統的な鈴や太鼓などの音は、神仏に共鳴する波動だということでもあります。オルゴンエネルギーをそれらに連動させれば、より大きな神秘波動が生まれる可能性がある。それを山脇先生は教えてくれたのでした。

もともと、山脇先生が導入した最初の製品が、『波動チャンネル』で除霊に効果があると説明されていたドクターフォースで、その効果の確かさから、当社の波動製品をどんどん導入することになったのです。

気を用いる施術師は、未熟だと自分の気を消費して疲れます。熟達すると、空間からエネルギーを調達して送り込むだけで疲労はしません。エネルギーは空間に無尽蔵にあるのです。それを使えばいいだけ。自分のやることは、それを使いこなす意識だけです。つまりはイメージ力。

優秀な施術師は、本来イメージ力だけでいいのです。だからアートなのです。といっても、集中力や根気が必要なのはアーティストと同じでしょうが。

しかしながら、空間からエネルギーを調達できるようになるには、それなりの時間がかかるでしょう。気功の訓練を積まなければなりません。

けれども、施術師はもう、エネルギーの調達から解放されたのです。エネルギーの調達は機械がやります。空間からエネルギーを汲み取るポンプがあるのですから。施術師がすることは確かなイメージと、あとは人との触れ合いのハートの力です。

人の体を探究させてもらっているだけでありがたい

山脇先生は進取の精神に富んでいて、工夫もするし豪快です。でも、決して尊大ではなく、人を萎縮させることはありません。

「面白いのは、先生は謙虚なんですよね。施術師、気功師、坊さんなんかは、みんなおれがおれがですからね。我が強くて、偉ぶっているのが多いのに、先生のセミナーに行っても、だれが生徒か先生かわからない。みんな仲間。いや、まあ笑い声でわかるけど」

「一番、オヤジっぽいですからね」

「笑いながら話がちゃんと伝わっているんですね。田中君と二人で、なんで山脇先生は笑ってばかりで偉ぶらないんだろうねえって、首を傾げて帰ってくるんですよ。これだけ力があれば、たいてい先生、先生っていって持ち上げられますからね」

「そりゃあ、よそ様の体に入って、魂に入り込んで探究させてもらうわけですから、一番謙虚でなくちゃいけんって思うんですよ」

「謙虚なんだけど、そんなにへりくだるわけでもない。まあ、自然体か」

「給料やボーナスは神様がくれるんだと思っていますし。偉ぶる必要はないです。すばらしい体験をさせていただいているのに、さらに体調が戻った人から感謝されて、もうそれ以上何が要るんでしょうっていう感じです。ボーナスは、三人の子どもたちがみな元気でいい子で、よく伸びているということです」

そうそう。私もこのお子さんたちに会っているのですが、三姉妹がみな本当によく出来た子たちで、会うたびに感心しているのです。

神はエネルギー

「それでは最後に、先生の宗教観をお聞かせいただきましょうか。例えば神についてどう思われます？」

「神を信ずるかどうかと問われれば、私は信ずると答えます。でも、人の作った神は信じません」

山脇先生は、きっぱりとそう言います。

「この世は、人が作った神だらけです。それを大勢が信じています。厄介ですね」

「実は、私の知り合いがある新興宗教の熱心な信者で、若いころからずっと誘われてきたんです。そこの神さまは、宇宙で最高の光の神だと言っていまして……」

「そりゃあ、宇宙で二番目とか三番目の神だとは言いませんもの」

「それはもう熱心に。私が以前、不幸のどん底だったときは、この最高の光の神を信仰しないからそうなるんだって、ずいぶん説教されました。その神が最高の神かどうかはともかく、私は、神は光だと思っています。でも、それと同時に私たち自身が光なんですね。光に宇宙一も二もないです。神というのは、もし遠い祖先をそう呼ぶのでなければ、念じれば共鳴して汲み出せるエネルギーだと思えばいいです」

「神はエネルギーであると」

「そうです。光は電磁波の一種ですが、神が光なら、波動の一種になります。それに対して、人格神というのは人が作ったものでしょう」

それは私も大いに共感します。

「そういえば本居宣長も、カミというのは、社に祀られた御霊もそうだけど、人や動植物から自然現象まで、この世の尋常でない畏《かしこ》いものは、みんなカミというのだと記していますよね」

それは、『古事記伝』に書かれた有名な定義です。それをここに書き写しておきます。

『さて凡て迦微《かみ》とは、古御典《いにしえのふみども》に見えたる天地《あめつち》の諸々の神たちを始めて、其の祀れる社に坐《いま》す御霊をも申し、又人はさらに云《いわ》ず、鳥獣木草のたぐひ海山など、其余《そのほか》何にまれ、尋常《よのつね》ならずすぐれたる徳のありて、可畏《かしこき》き物を迦微《かみ》とは云《いう》なり』

「エネルギーという概念を知っていたら、宣長さんもきっとそれが神だと言っていたと思います」

「私もそう思います。日本の神は、西洋の一神教のゴッドとは違います。ところで、その尋常ならざる方は、いまどうしていますか？」

「いまだに信仰しろって言っています」

「でも、こうしてリッパな施術師になって人に感謝され、お子さんにも恵まれて、幸せな生活を手に入れたんだから、もう後ろ指をさされることもないでしょう」

「いいえ。こんどはこう言うんですよ。あんたたちは、この神様を信仰せんから、高い霊界へいってないの。だから後が大変よーって」

「死後のことまで心配してくれているんですねえ」

さすがに私も、皮肉っぽい口調でうなずきます。

「それを聞いたとき、競争社会のいまの世相そのものだと思いました。いい大学へ行って、いい会社に入って、いい給料をもらわなくちゃいけないと。みんな、きゅうきゅうとしています。その延長でしかないじゃないですか」

「で、さらに死んでからもいいところにと」

「ええ。高い霊界にいける、いけない、なんていうことより、現実のいま、魂の向上に努めて生きることが大切だと思います。現界の心の世界が、あの世の世界を映すんだと思うからです。判断するのは神、つまり全宇宙の法則です。難しいことを言うつもりはありませんが、少なくとも、お布施をたくさん出せば位がステップアップするなんてことはありません。本物の神は、そんな馬鹿げた格付けなんてしませんよ」

「そういうことをするのは、本物ではない、人の作った神だということですね」

「そういうことです。私のことをいつもいつもほめてくれる、霊能者で宗教家の先生がいるんですが、先生は『泥の中から大きな美しい蓮の花が咲くんです』と、繰り返しおっしゃってくれるんです……」

「山脇先生は、その蓮の花なんですね。〝美しい〟がポイントかな？」

ちょっと照れて言いよどんだので、私はその霊能者の先生に成り代わって、冗談めかせていって差し上げました。

「はい、そうです。そのつもりでおります。ありがとうございます」

いたずらっぽく笑いながらも、山脇先生は膝に両手を添えて礼をしてみせます。

「どういたしてまして」

「この言葉をもらったとき、生きていてよかったと初めて思ったんです。本物の霊能者の言葉っていうのは、あたたかいものなんですねえ……」

まだまだ話は尽きませんが、紙数も尽きたのでこのへんで。

直方市のアイヒト研究所では、月一回の「不思議教室」を開催しています。この陽気なセミナーに参加したい方は、どうぞ足をお運びください。あの地と院内の、のどかな気に浸るだけでも一見に値します。

Ⅱ　平成の空海

光の写真家、奥聖

二〇〇七年に、ある人（Ｓさん）から奇妙な写真を見せられました。撮影者の名前は、奥聖《おくひじり》。聞いたことのない名前でした。知人から預かった写真で、Ｓさん自身はまだその撮影者とは面識がないそうです。写真集も出ているそうなので、アマチュアではないとのことでした。

「ほう、これはすごいねぇ……」

自然を背景にした不思議な光の写真が、妖しい形で写し出されています。怪しいというよりは、妖しいといったほうがいいでしょう。

そういう不思議な光の写真を見たのは、それが初めてではありません。しかし、それは

従来のあいまいな形状のものとは違って、ずいぶんしっかり形が現れているではありませんか。

しかも、一色だけではなく、七色が躍っているものさえあります。光彩陸離《こうさいりくり》といっても、洋風のカラーリングというより、どちらかというと天平《てんぴょう》の幡《ばん》や雅楽太鼓に塗られた和風の発色のような。

光は、決して静止してはいないのです。動きの軌跡まで写っているようで、まるで開放シャッターで揺曳《ようえい》する光を撮ったかのようです。しかし、夜ならともかく、昼間でそんなに露出を長くしてはいられないでしょう。

さらに、その光跡のいくつかは、稲妻のように一瞬にして走ったのではなく、ゆっくりと蛇のようにうねうねと動いているように見えるので、なおさら露出に時間をかけたのではないことは明らかです。

「これはトリックじゃないんでしょうか。こんなにはっきり形が出るなんて」

自分で紹介しておきながら、Sさんは首をひねってみせます。確かに、それがインパクトがあるのは、光が織り成す形がずいぶん具体的で、くっきりとしているところにありました。

「そうですね。ふつう、この手の光の写真は、ぼうっとしていて、どんなものにも解釈可能ですからね。だからインチキ臭いというか、批評の対象にもならんのですが、これはむしろ逆で、あまりに形がはっきりと出ています。だから、かえってトリック写真じゃないかと疑いが出てくるわけですか。皮肉ですねえ」

と、私はわざと写真を遠目で眺めてやります。どうも、不思議で神秘的なものはぼやけている、鮮明には写るまいという先入観があるものです。

まあ、こういうオカルティックな代物にはインチキはつきもの。どうですか、すごいでしょう、と手放しで押しつけるより、ちょっと引いた態度のほうが賢明ではあります。興奮は抑えて、批判精神は忘れず、できるだけ客観的な目を持つことです。

「やっぱり、インチキですか……」

「いやいや。この写真がトリックかどうかはわかりませんが、こういう現象はありますよ」

それは私の実感でした。

そういったたぐいの写真をどこかで見たことがあるというのではなく、そういう現象があるというのは、まさに実感としてあったのです。それも最近のことです。実は、その写真を見ながら、私はちょっとした感慨を覚えていたのでした。

光柱現象だったか？

そのふた月ほど前、深夜、自宅マンションのエレベーターから、パティオに掛かる回廊を渡ってわが家に向かっていると、空港背後の山並みに、夕日よりもまだ赤い光の柱が、まるで定規でも立てたかのような直線で、すっと空高く立ち上っているではありませんか。

残念ながらその日は家族が誰もいなかったので、見たのは私一人ですが、あとで女房殿に話したら、「山にも山のオーラがあるのよ」ということでした。しかし、オーラというなら全体的に、霞のようにもやっと光るはずです。そうではなく、一箇所だけ天を目指して真っ直ぐ突っ立っているので、妙な現象ではありました。

あとで考えれば、それは超常現象などではなく、おそらく物理的に解明できる「光柱現象」だったのでしょう。光柱現象はたまに写真に収められて、テレビや新聞で報道されたりしますし、インターネットでも検索できます。それらの写真を見れば、光柱現象のなかでも、日没の太陽光を反射した「太陽柱」に似ているのですが、それを見たのは深夜だったので、太陽柱ではないようです。

それがただの光柱現象だったとしても、それをたまたま目にしていたことが、なんとなくこの写真を見ることになる伏線にでもなっていたかのように感じたものです。少なくとも、肯定的に受け入れる下準備にはなっていたでしょう。

自然の空間をキャンバスにした不思議な現象は、ほかにもありました。その少し前、やはりたまたま空に目を向けると、アルファベットで、くっきりとｍｎという文字が描かれていることに気づいたのです。

それは、妙に質感のある雲が描いた空中文字でした。ジェット雲のようなもや状のものではなく、アンパンのような丸い雲がダンゴ状に連なって、文字を形成していたのです。

これもあとで実記にお伺いをたてたら、「ｍｎ」というのはお互いのイニシャルであり、私たちにかかわる何かの暗示ではないかということでした。残念ながら、その謎はまだ解けてはいませんが。

Ｓさんから見せられた写真のなかには、光としかいえないもののほかに、宙に筆を走らせたような、光を帯びた白い雲の流れのようなものもありました。

自分が目にした不思議な空中の現象が、奥聖なる人の光写真の伏線どころか、まるで「幻を見たのではない」と証明されるかのような印象さえ受けたのです。もっとも、私のささやかな体験より、写真に写し出されたその光現象は、はるかに奇妙だったのですが。渦巻きやら同心円やら、卍やら、その他理解不能な形状が満載でした。

コンタクト

「どうですか、この写真家に会いたいとは思いませんか？」

Ｓさんは、この写真家を私に会わせたいというのです。

伏線まで張られているのですから、私に否やはありません。会えるなら会ってみたいということで、Ｓさんがその写真家、奥聖氏にコンタクトをとったのです。しかし、すぐにつかまえることはできませんでした。

縁がなかったのかと思っていたら、そのとき奥氏は山ごもりをしていて、連絡できるまでずいぶん手間がかかったようです。

会ったのは一昨年――。

「私もいい歳《とし》ですので、そろそろ足を伸ばして寝たいものですね」

奥氏は、ひょうひょうとそんなことを口にしました。

当時、彼は家を持たず、ここ何年か車で寝泊りしていたというのです。光の写真が撮れる聖地を求めて、全国各地を車で旅する放浪の写真家でした。

それでも、車を宿とする山ごもりの男にしては、ジーンズのラフな着こなしもどことなくおしゃれで、風貌も知的な風情があります。スーツにネクタイをすれば、大学教授でも通るでしょう。それもそのはず。彼は医者にこそならなかったものの、久留米大の医学部を出ていて、卒業後は事業家として成功もしていました。学生時代からビジネスに手を染めていて、当時から商才を発揮。それをそのまま活かして、かつてはビジネスの世界で辣《らつ》腕《わん》をふるっていたようです。

光はだれにでも見える

会ってすぐ、こんどわが社から写真集を出していただけないかと提案したところ、あっさり快諾してもらえました。

実際にお会いして、二言三言ことばをかわすだけで、その人物の人となりというのはわかるものです。人をだまそうという人間には、何か陰気なオーラが出ています。人をだます前に、まず自分をだますからそういう不健康な色をまとうわけです。奥氏には、どこか人の肩の凝りをほぐすような、無邪気なオーラがありました。

「先生は昔からこんな、目に見えないものを目にできる才能があったんですか？」

もし若いころからこんな写真を撮っていたなら、もっと早く私の情報網に引っかかってもよかったはずです。

「いいえ、いいえ。いたってふつうの人間でした。あるときから急に見え出したんです。といっても、それは決して特殊な能力じゃないんです。本来、だれにでも見えるものなんですよ」

始終ニコニコしながら、奥氏はまったく気負いなく答えます。

「へえ、そういうもんですか？」

だれにでも見えるもの——、その答えを予想しながらも、私は意外そうな顔をしてみせました。まあ、これも一種のサービスです。

おそらく、ハードウエアは人間ならみな備わっているのでしょう。そのチャンネルさえ合えば、きっとその特殊な光をつかまえることができるのです。光なら電磁波の一種ですから。ただ、そのチャンネルがどこにあるのか、それがわからないのではあるけれど。

「ええ。じゃあ、こんど皆さんに見てもらうことにしましょうか」

ということで、まず私たちに光を見せてくれるというのです。それは願ってもないことです。名刺代わりというなら、なかなか気がきいているではありませんか。

それにしても、淡々としているとはいえ、これは大きなたんかをきったことになります。本当に自信あってのことなのでしょうか。安請け合いでも、ハッタリでもなく。いわゆる精神世界では、ハッタリがいかに横行していることか。

「先生、ほんとうに私なんかでも見れるんですか？」

私の心の内を知ってか知らずか、田中君がはしゃいで言います。先生と呼びながらも、そういう能力者には、とくに奉ることもなく、すぐに彼女は友達感覚で接してしまいます。それがいいのか悪いのか、奥先生の笑顔を見れば、まったくそんなことなど気にもしてない様子です。

「見れますよ」

星や月でも見るかのように、どこまでもひょうひょうと奥氏は答えるのでした。

闇夜の光体験行

日をおかず、光体験ツアーはやってきました。同行者は、私のほかに田中君と当社男性スタッフ。

行先は、宗像市のとある八幡宮。その地が、彼の光写真のホームグラウンドになっているとのことで、初めて光をカメラに収めたのがそこでした。

宗像市に八幡神社は何社かありますが、福岡県の天然記念物になっている御神木の大樟がある場所といえば、地元の人ならすぐにおわかりでしょう。

とはいえ、日中でもまったく人気がありません。グーグルやヤフーの地図を最大限に拡大しても、鳥居のマークは出てこないので、ふだんからお参りに行くようなメジャーな神社ではないようです。

「おお、寒い。なんだ、これは……」

車を降りると、異様な寒気に私は身震いしました。まだ十月だというのに、なんというこの寒さ！　真冬でもこんな寒さは味わったことがないと思えるほどです。会社を出たときはこんなに寒くはありませんでした。会社のある福岡市内の天神からは、直線距離でせいぜい三十キロ。山中でもなく、ただの小さな丘なのに。

ちょっと歩いただけで歯の根が合わず、体の芯に氷を差し込まれたかのように、ブルブルと胴震いまで出る始末でした。

境内には、こま犬が立つ小さな社の傍らに、大きな影がそびえています。持参したライトに照らし出されたそれは、樟の巨木でした。

暗闇に吸い込まれた枝々は、どこまで伸びているのかわかりません。それでも、両手をひろげたように見える左右の大枝を見れば、まるでディズニーのアニメにでも出てきそうな、目鼻のある擬人化された大樹のようにも見えます。

枝を四方に伸ばした上空の容姿もさることながら、さらに驚いたのは、その根でした。土が掘られて、ガジュマルの気根のようにむき出しになった何本もの太い根は、私たちの背丈より高く、それがまたタコの足のようでもあり、なおさらいまにものそのそと歩き出しそうに見えるのです。なるほど県の天然記念物。

後日、確かめたところによると、実測は解説板に書かれているよりさらに大きく、幹周一〇・二メートル、樹高は三十三メートルもあるそうです。

枝下五・一メートル、枝張りは東西南北に約二十メートル。地上八メートルあたりまで幹は丸く、表面もデコボコが少なく、そこから三つの支幹に分かれています。根回りは、二十四メートル。むき出した根の高さは、やはり二・五メートルもありました。社の前の平地を確保するために、大樟の生える西側の小高い岡を二・五メートルぶんだけ掘り下げて、整地したのかもしれません。

「これは樹齢何年ですか？」

クールな男性スタッフも、自然の驚異には驚きを隠しません。

「五百年といわれています」

「そんなもんですか。もっと経ってそうに見えるけど……」

「千年でもいいいな、これは」

相変わらずブルブルと震えながら、私はその根を手でポンポンとたたきます。

祈りあるところに光あり

「じゃあ、みなさん、その前に座ってください」

奥氏は私たちに指示し、三人の背後に回りました。

「そうしましたら、木に向かって祈ってください」

「祈るんですか？　みんな一緒に？」

田中君が聞き返します。

「いいえ。それぞれにご自分の祈りをしてください。何でもいいです。意識を凝らすのが大事なんですよ。光は祈りに答えてくれます。祈りあるところに光ありです」

気のせいか、奥氏の言葉が力強く聞こえてきます。

私は、神社仏閣で祈るとき、家族の問題がなければ、いつも当社製品を愛用していただいている皆さんの、健康と発展を念じることにしています。きれいごとではなく、こういうシチュエーションに限れば、だれしも私利私欲の祈りなどする気にはならないでしょう。

根方の前に、縁石状の石が社へ伸びています。その石は、下の土がえぐれて、ちょうど腰掛にふさわしい状態になっています。そこへ三人が横に並んで腰を下ろし、手を合わせてそれぞれに祈り始めると、私たちの背後から、なにやらうなり声が聞こえてくるのです。

「オンゴー、オンゴー、オンゴーオオオオーン」

幸い、それは聞き覚えのある奥氏の声でした。けれども、あのひょうひょうとした人物とはうって変わった迫力が備わっています。

バサッ、と枝が揺れます。ねぐらを追われた野鳥だったでしょうか。

「オンゴー、オンゴー、オンゴーオオオオーン」

だれに教わったこともない、それは奥氏流の祝詞であり、マントラでした。意味のある言葉は一語もなく、ただ声帯を震わすだけの大音声《だいおんじょう》。

しかし、それは声帯が震えるだけではなく、彼の体腔に共鳴し、うなりをもって発振された音響でした、さらにそれは、周囲の空気をもうならせるのです。なんとなく空気が震えるその境内一帯が、特別の空間になったような気がしてきます。

けれども、そのとき私の体を震わせていたのは冬の厳しい寒気であり、決して奥氏のうなりに私の体腔が共鳴してのことではなかったでしょう。

御神気降臨

何分たったのか、ふいに大樟の前にぼう、と赤いものが灯ったのです。鮮烈な光ではなかったので、仰天はしなかったものの、はっとして全身が固まったのは事実です。モーゼや日蓮の前に出現したのは、雷のようにまばゆく輝く光でしたが、それとはずいぶん違いました。そういう劇的なものではなく、まるで驚かすまいとでもいうかのように、静かにゆるゆると現れたのです。

赤い光はしだいに丸く形を変えていきます。悠揚迫らざるというかなんというか、右へのたり、左へのたりとゆらめいて、走るでもなく、静止するでもなく、あくまでも左右へのたりのたりと振れながら、ゆっくりと上へ昇っていくのです。明滅も、ハレーションも乱舞もなく、ただひたすら、「のたりのたりかな」。といえば、蕪村の穏やかな春の海ですが、そのときはまだ、私は寒さに凍えるばかりでした。

しばらく続いた光の静かな揺曳のあと、光球はまた静かに去りました。そのとたん、闇夜ではあるのに、まるで穏やかな日の澄み切った青空のようなすがすがしさを覚えたのです。同時に、あの身を凍らす寒気は消え、一瞬にして暖かな陽気に身が包まれたのでした。

光の印象より、そのあっという間の温度の変化が、いまでも不思議な体験として印象深く記憶しています。

「これが、御神気というものです」

暖かな空気をもたらしたもの。その光のもとを、御神気だと奥氏は言いました。何らかのエネルギーであるのは間違いないようです。さらに奥氏はこうも言ったのです。

「皆さん、それぞれに違う光を見ていましたね」

え？　と私は思いました。

「私が見たのは赤い光でしたけどねえ。それがゆっくり、ゆっくり、右に左に揺れていたんですが……」

体全身で身振りをして、左右の動きを表します。

「あれ？　私は虹が見えましたよ。七色のきれいな光でした」

田中君が異を唱えます。

で、また男性スタッフはというと、色はなく、ただ巨木の高い位置に明るい光が見えただけだったと言うのです。それにしても、どうしてそれぞれに見えた光が違うなどということがわかるのでしょう。それもまた不思議なことではありました。

大樟の前で勝手に手が動く

実は、奥氏が初めて光の写真を撮ったのも、この大樟の前だったのです。

戦後まもない中学生のころからカメラに興味があり、大学生の時分には、各新聞社に地元で撮った写真を提供して小遣いを稼いでいたといいます。いわば、フリーのローカルな報道カメラマン。新聞社ごとに専用のカメラを備えていたというから大したものです。だから写真はアマチュアの域を超えています。

「最初は、神さまに写させられたんですよ」

自分でもまったく意外だったのだと奥氏は強調します。予兆も何もなく、それは突然始まったのだと。

一九九八年、当時は趣味になっていたカメラで、地元の神社境内の大樟の写真を撮りにやってきただけでした。カメラを手に構えたら、突然、体が勝手に動き出したというのです。

まるでカメラに誘導されるかのように、手が勝手にレンズをあちこちに向けるのです。そうやってやみくもにシャッターを押すのではなく、さらに勝手に指が絞りを合わせ、露出を合わせ、何もない空間に向けて次々と照準を合わせます。彼はまるで操り人形でした。はたから見れば、何か見えない風でも追いかけて、凄まじい集中力でシャッターを切り続けるプロカメラマンに見えたことでしょう。

あっという間に二十四枚撮りのフィルムが空になり、すぐさまフィルムを入れ替えて撮り続けます。その間、約二十分。

何か撮れているに違いない。そう直感したのは、長年のカメラ歴の勘だったでしょうか。でなければ、何もない空間にピントを合わすわけはない。そう思ったのです。親指と中指でピントを合わせる指の動きは、自分の意思ではなく、何を撮っているのかもわからなかったとはいえ、対象物があるゆえの動きであることが実感されたのでしょう。

なんだこの光は⁉

スピード仕上げラボに持ち込んで、出来上がったプリントを見れば、案の定、フィルムに写し取られたものがありました。境内の風景にはなかったもの。目には見えなかった何かが――。

プリントには一枚のロスもピンボケもなく、さまざまな形状の光が写っていたのです。

これまで、そんなものは一度も撮ったことはありません。それどころか、見たことも聞いたこともない不思議な光。白光だけではなく、赤やブルーのカラフルな光が焼き付いていたのです。逆光の中にもそれは輝いていました。

その四十数枚のプリントを、奥氏は穴の開くほど繰り返し見直しました。肉眼ではまったく見えていなかったそれぞれの光が、まるで目にして構図を決めて撮ったごとく、きっちり見事に収まっていたのです。

「もし私が撮ったのではないとしたら、シャッターを切らせたのはなかなかの腕ですよ」

ちょっと澄ました口ぶりで、奥氏はいたずらっぽく言います。

そこから光の付き合いが始まりました。当初、五日ほどは、フィルムに写っていた光を肉眼で見ることはできなかったのですが、やがて目にできるようになったのです。

「その光の美しさをどう表現したらいいのか……」

奥氏は首を振りながらうなります。光は透明であり、ゆっくり動くこともあれば、素早い動きをすることもあります。時にはハッブル宇宙望遠鏡で眺める星雲のようにゆらめき、多彩な輝きのページェントに魂が吸い込まれそうになります。

「神々しい、というしかないですね。オーロラのような、新星の爆発の名残を見るような、鮮やかなだけではなく、荘厳な輝きがありました」

奥聖《おくひじり》物語

さて、ここから奥聖氏の歴史をざっと紹介させてもらうことにします。山脇先生と同じく、依頼した自己紹介の手記とインタビューをもとに、改めて語らせていただきます。

奥聖氏は、一九三八年、中国の吉林省で生まれました。奥聖というのは本名です。生まれたときは仮死状態でした。それを救ったのが、当時自宅に逗留《とうりゅう》していた中国の旅の僧で、息のない赤ん坊の両足を片手で持って逆さまにつるし、裂帛の気合もろともバシバシと叩いて生き返らせてくれたのです。

その僧侶は命の恩人であるとともに、聖という名前も授けてくれました。ひじりというのは、霊知《ひじ》り、すなわち、この世の背後の霊妙な存在を知る意味だというそうですが、僧侶の子弟でもないのに、後の日の光の写真家として、なかなかふさわしい名前になったものです。

父は関東軍の仕事に携わっていて、比較的裕福な家庭環境で、長男として大事に育てられました。

小学校入学の年に現地で敗戦を迎え、一年かけて両親の生地である鹿児島に引き揚げます。

久留米大学で医学を専攻。ふつうなら、ここで医者になるためにせっせと勉学に勤《いそ》しむのでしょうが、奥氏はアルバイトに大いに精を出すことになります。しかも、小遣い程度では飽き足らず、月に十万から二十万円は欲しいと思ったのです。当時の大卒初任給といえば二万円弱。このあたりから常人とは違っていたのでしょう。

旺盛なバイタリティー

思うだけならだれでもできますが、奥氏は実際にフルコミッションのセールスをやって、それを実現してしまうのです。それも授業のない休日と夜だけで。

最初は、イタリア製レジスターの販売です。三カ月目あたりからメーカーの社員に追いつき、そのうち営業所のトップと成績が並ぶようになります。収入も目標どおり十万円以上、多い月は三十万円近くにもなりました。

それでやめればいいものを、商売自体が面白くなったのか、もっと大きなものが扱いたくなって、こんどはマイホームの販売を手掛けます。ノルマは毎月一棟半、六百万円。コミッションは七%。一流会社のサラリーマンでもとても稼げない収入になります。年収でいえば約五百万円。マイホーム一戸分以上になるのですから。

このマイホーム販売のうまみを知って、そこからさらに発展し、在学中に一戸建て住宅の企画と設計を行う会社を設立します。そこで、融資についての知識に始まり、商法、民法、建築基準法、行政に関する知識が必要となり、商学部の講義まで受けて、ゼミにも参加しました。大学は実学の学び舎として、大いに利用させてもらったわけです。

医学知識をはじめ、理系の基礎知識は、後々に手を染めることになる鉱山開発事業の地質調査の上で大いに役立ちました。

その後もアイデア勝負のさまざまな事業を起こしますが、利権をかけて争うことになったときでも、非合法組織の連中とも一歩も引かずに渡り合ってきたといいます。大金が動くビジネスが主だっただけに、危ない橋もよく渡ってきたようです。

いまの枯れた風貌からは、とても想像がつきません。しかし、それなりに人並み以上の胆力が備わっていたのです。

脅されても屈しない肝っ玉。それはいったいどこからくるのかというと、鹿児島の郷士の家系だったこともあるかもしれませんし、中国から引き揚げてきたときの、生きるか死ぬかの体験が影響しているのかもしれません。

余命二、三週間の宣告

光体験の以前ですが、奥氏はがんを患い、悪いことに全身に転移します。体調が悪くても病院に行かずに放っておいたら、東京でついに意識を失って倒れ、代々木の病院に救急車で搬送されました。もはや末期状態で、余命二、三週間と告げられたのです。

ふつうなら、そこまでなる前に、体調不良や痛みで病院に行くことになるでしょう。でも、奥氏はこれも特別の感覚の持ち主でした。

「私は痛点がどうも他の人とは違うみたいなんですね。ちょっと鈍く出来ているらしいんです。少々の痛みは耐えられるんですよ。例えば、レンズで太陽の光を腕に集めて、皮膚から煙が立っても我慢できるんです」

青年時代はケンカ早く、負けたことがないといいます。なるほど、彼の胆力というのは、案外、痛みに強いという特異体質によっていたのかもしれません。殴られても痛くないというなら、暴力に対する抵抗力があるのはわかります。

「さすがにがんは別格で、激痛でしたけどね」

それにしても、よくそこまで我慢できたものです。それもすごいとはいえ、そこからが奥氏の本領発揮。

腹水が溜まってお腹がパンパンになり、体中に黄疸が出ていたにもかかわらず、入院四日目に、なんと病院を抜け出して福岡の自宅に戻ったのです。もはやこれまで、ということで、どうせ死ぬなら独居の自宅でと思ったのでした。

身辺整理をしなければならないものの、なかなか動くのもままなりません。

「自分が死ぬのはいいとして、死体は残ります。だれが始末をするのかはわかりませんが、腐乱死体を残されてはいい迷惑でしょう」

そんなどうしようもないことを三日ほど考えても名案は浮かばず、それならいっそのこと家もろとも燃やしてしまえと決めたのです。幸い、敷地は三百坪ほどあり、隣近所に延焼の心配はありません。

「ただ、出火したらすぐに周囲に気づかれて、消防へ通報されます。それで完全に燃えきらないで鎮火されて、大やけどを負って生き残るなんてことがあれば、いい笑いものになります。それは避けなくてはいけません」

ということで、こういう結論になりました。

「ダンボールを天井まで積み上げて、横たわった自分の周囲には古タイヤを積み重ねるんです。そうすれば、消防車がすぐに駆けつけても取り崩しに時間がかかるでしょう。家の中心部は一〇〇〇度くらいになるだろうから、死体は跡形もなく消失すると、まあ、そう考えたんです」

死ぬために精を出したら

ということで、奥氏はせっせとその準備にかかりました。

ボロボロの体にムチ打って、痛みをこらえながらダンボールや古タイヤをかき集めます。末期がん患者にとっては、相当の重労働でした。もはやそれだけしか考えず、最後の労働に精を出したのです。

その準備にかかったのが一カ月半。一カ月半？　余命のタイムリミットはとっくに済んだのに、なぜかまだ生きています。しかも、気づいたら、あれほどあった激痛がうそのように消えているのです。さらに、痛みだけではなく、不快感やだるさもなくなり、いつの間にか食事もおいしくなっていて、倒れる前より元気になっているありさま。すっかり回復していたのでした。

「皮肉ですねえ。私は死ぬために頑張っていたんですけどね。その結果、元気になっているんですから」

その間、医者にも薬にも一切頼っていません。

「鏡に映る顔が精悍なんです。猟犬みたく鋭くて。そのとき、ああ、死に神が見放したんだと思いましたね」

それが奇跡でないのだとしたら、免疫力が活性化したのだとしか考えられないでしょう。余命まで宣告された末期がんが治る。そういう話は決して珍しいことではありません。がん細胞を摘み取るのは免疫です。その免疫力を高めるには、心の持ち方が大事だといいます。悲観せず、楽観的に、プラス思考をもって必ず治ると信じること。免疫力活性のための心の構えを説く教科書には、たいがいそう書かれています。

しかし、死の準備のために頑張るというのは、果たしてプラス思考なのかどうなのか。教科書を書き換えなければいけないかもしれません。

「ほんとに、何がよかったんでしょうね。一つだけはっきりしているのは、一心不乱だったということですね。それが精神に活を入れたか。しかし、それは決してやり残した研究をやるとか、世の中に貢献する仕事なんていうものじゃないんです。そんな建設的なものならまだわかりますよ。しかし、ただひたすら死後にこの身を残したくない、この世に存在した痕跡は一切残さない、なんていうだけの非生産的なものなんですから」

何が功を奏したのか。それは本人にもわからないようでした。

「仮に、何でもいいから、ただ一心不乱になることがよかったんだとしても、そんなのは仕事でよくやっていたことですし。しかし、余命が二、三週間って言われたことで、初めて死ぬ気で頑張れたんでしょうかね」

奥氏のジョークに私も笑いを誘われます。

死に神から解放されたのはいいとして、ひと仕事が待っていました。せっかく溜め込んだダンボールやら古タイヤやらの処理です。その山を、半月ほどかけて庭で焼却したそうです。

山師、奥聖

奥聖氏は、光の写真家だけではなく、また別の顔を持っています。

地質調査士という顔です。それが後半生の職業になります。地質調査士をかみ砕けば鉱山発掘人《ガリンペイロ》。もっとかみ砕けば山師です。

山師といえば聞こえが悪いでしょうか。いいえ、私は敬意を込めて、あえてそれを使います。近世になってから詐欺師のような意味で使われるようになったとはいえ、本来、それは鉱山技師（探鉱師）の意味だったのです。魚をとるのは漁師、獣をとるのは猟師、地下に眠る鉱物を探すのは山師です。

あの弘法大師空海も、鉱山発掘のため、日本の山を駆け巡っていた偉大な山師であり、山岳ネットワーク集団の長だったようです。実際、空海が開いた金剛峯寺のある高野山は、水銀をはじめ金・銀・銅の鉱床があり、それを掘ってお山の財政に役立てていたそうです。現在、彼の所有する山は、長石、珪石、アンチモン、金などの鉱山であり、そのなかでも、特に金鉱山抜きには奥氏の全体像はつかめないのです。

金山という話を聞けば、まずほとんどの人はうさんくさく思うでしょう。悪い意味でのまさに山師かと。けれども、私はそこにまた大きな縁を感じるのです。なぜなら、女房殿の父がまさに金鉱山探しを業とし、同じように山々を転々とする生活をしていたからです。鉱山師としての話は、実記が父から聞いていた話と具体的に合致するところが多々あり、感慨深く思ったものでした。

がんからの生還後、陶土として販売するために、奥氏は珪石の鉱山に入ります。現地に建てていたプレハブ小屋にこもり、そこを住処にして探鉱師として山中深く出向く日が続きました。

プレハブ生活が八カ月ほど経ったころ、熊本の某山中でついに金と出くわすのです。

その地に逗留すること五年。プレハブもなく、ほとんど野宿の山ごもりで調査を重ね、広範囲に渡る鉱区権取得の第一歩を築きます。さらに日本屈指の大企業とともに、その区域をくまなく調査し、多くのデータを得ることができました。

不思議な光との邂逅

一九九八年十一月下旬。鉱区の調査が終わりに近づいた頃、不思議な光との出合いがありました。それを契機に、光との付き合いが始まったのです。

光というのはあとで思うことで、そのときは幻としか思わなかったのではありますが。大樟での光体験は、その後間もなくでした。

「沢の石に、白い犬がちょこんと座ってこっちを見ているんです。あれ？　こんなところに犬が？　とけげんに思ってよく見つめると、犬はゆっくり沢を駆け出しましてね。でも、すぐにこの世の犬でないのがわかりました。足元に水しぶきが立っていないし、透き通っていたからです。私も、それをさほど驚きもしなかったのが、あとで考えると不思議ではありました」

なんとなく、こっちだよ、と言っているように感じて、奥氏はその光の犬についていき

ました。しばらくすると、犬は走るのをやめて、またちょこんと座ります。

「こりゃあ、花咲かじいさんだと思いましてね。で、その付近の石をめくってみると、やっぱり金鉱石が出てきたんです。それはもう高密度なのは一目瞭然でした。その一帯は、大の男が二十人集まって一日中探しても、金鉱石などひとかけらも出てこない場所だったんです。それをどうして見逃していたのか」

興奮に浸っているヒマもなく、また、走り出した犬についていくと、しばらくして犬はまた、意味ありげにこちらを向いてちょこんと座ります。で、その下の石をめくるとまた金鉱石が出てきます。その繰り返しでした。

翌日、企業の調査員たちと再調査をすることになりました。きのうの〝ここ掘れワンワン〟のポイントごとに「そこをめくってみて」と指示すると、百発百中で金が出てきます。それまで「奥さん」と呼ばれていたのが、「奥先生」に呼び名が変わりました。

「『どうしてそんなに次々にわかるんですか』って問われるんですが、まさか犬に教えてもらったとも言えないでしょう。適当なことを言ってごまかしましたけどね」

まあ、たとえそう言ったとしても、きっと本当の発見方法を教えないように、冗談でごまかしているだけだと、いいように解釈してくれたでしょう。

意図せず行っていた行者生活が異能を開いたのか

「考えてみれば、そのころの山中での生活は、もう行者みたいなもんでしたね。自然の草や根、木の実や茸を口にして、木の根方で仮眠をとったりと。面白いことに、嗅覚が敏感になりましてね。遠くから、鹿の臭いや熊の臭い、それどころかクマバチの臭いまでわかるようになりました。でも、冬の朝なんか、夜露で体中びっしょりとなって、時には凍死しそうになったりしたこともありますけれど」

なるほど、そういうことでしたか。まさにそれは行者の姿。奥先生は、人里離れて五年間もの山中行をおこなっていたのです。

「人からは大変ですねえとよく言われましたが、つらいと思ったことはなかったですね。私にしてみれば単なる山ごもり。気楽なもんでした。まあ、ホームレスともいうかもしれませんがね」

はからずも、それが行者のように心身を鍛え、うまい具合に霊感というか、五感を超えた感覚を研ぎ澄ませることになったのかもしれません。精妙な光をキャッチできる心身への変化（メタモルフォーゼ）です。光を感じとる中枢の松果体が活性化したことも考えられます。

そういえば錬金術の真の目的は、卑金属を金に変えることではなく、それを通して自分自身が霊的な進化を遂げることにあるといいます。それと同じく、金鉱脈を探すのも、かつての空海がそうであったように、己れ自身が霊的進化を遂げるシナリオが用意されているのかもしれません。

一心不乱で死の準備をしたことが、がんの克服につながったように、何か一所懸命に物事に取り組むことが、意図せず副次的な能力を授けさせてしまう。奥氏には、そんなすばらしい能力が備わっているのでしょう。それもまた一種のセレンディピティでしょうか。

ただ自然と遊んでいるだけ

どうして奥氏はそんな能力を得るようになったのか。

話を聞きながらあれこれ理屈を考えていると、私の推測など、まるで人間界の小さな憶測だとでもいうように、そんなことにはまったく無頓着でした。

「山はいいですよ。単純にね。西海社長の言うように、結果、修行になったのかもしれませんが、私はただの山ごもり。山ごもりっていうのがまだ修行臭ければ、ただのキャンピング。私には、ストイックな気持ちなんて全然ありませんでした」

やんちゃな子どもの顔で奥氏は言います。

「山にもけっこう音があるんです。葉擦《はず》れの音。雨滴やせせらぎ。虫の声や野鳥のさえずり。獣の遠吠えやうなり声。私だって吠えるんですよ。なんたって自然の一員ですから」

そういって奥氏はうなり出すのです。

「オンゴー、オンゴー——」

それは、大樟の前の私たちが、その背中で聞いた声と同じでした。オンゴーというのは、祝詞でありマントラだと言いましたが、もう一つ、奥聖という二足歩行動物の遠吠えでもあったのです。山中で、ここにおれがいるぞ、と周囲の動物たちに挨拶し、宣言する叫び声。

ケビン・コスナー主演の『ダンス・ウィズ・ウルブズ』という映画があります。大自然のなか、一人で自給自足の生活をするうちに、自然に溶け込み、しまいにはタイトルどおり仲良くなった狼と戯れます。そのシーンを私は思い出していました。

「そうやって叫んでいますとね、動物たちも応じてくれるんですよ。鹿なんか、しょっちゅうやって来ます。山全体が雄叫びの大合唱です。気取っていえば、自然と一体なんていう話になるんでしょうが、そんな高尚なもんじゃなく、本当に私はただ、遊んでいただけ

なんです。山は宝の宝庫です」

そう。その山の中で大きな宝を——、光と黄金を彼は見つけたのです。

また死に、また生き返る

山で心気が養われるとはいっても、奥氏ももうそんなに若くはありません。

二〇〇八年四月、今治のホテルの一室で、ついにその心臓が止まってしまうのです。御神行（光を撮るための祈りを奥氏はこう呼んでいます）に無理があったのか、不摂生のせいなのか、肺水腫による心不全でした。

入浴中に発作が起こり、「危ない！」と自覚した奥氏は、とっさにベリーロールの要領でバスタブの縁から滑り出ると、床を這って携帯電話をつかみ、御神行のパートナーである鈴華さん（今治在住）にやっとのことで電話を入れました。

時刻は午前八時半。幸い、電話に出た鈴華さんに、危険な状態であることと救急車の手配を頼みます。

心臓は、かろうじて脈を打っている状態であるにもかかわらず、それでもまだ昏倒はせず、濡れた体を拭いて服を着るだけの余裕がありました。しかし、服を整え終わらないうちに、ついに気が遠くなって床に崩折れてしまいます。

それまでなんとか脈打っていた心臓が、そこで静かに停止してしまいました。意識は、心臓が停った瞬間に失われるというのが常識ではありません。ところが奥氏の場合、停止しても意識はまだありました。それもまた、奥氏のミラクルパワーだったでしょうか。

しばらくして、人々の声と足音の慌ただしい気配が、どこか遠くのほうであるのがわかりました。まだ、いのちの配線は切れていなかったようです。

「救急隊員が大声で呼びかけるのがわかったんですが、遠いところから聞こえてくるようで、なぜかとても心地よい響きでした。そのなかから、女性の励ます声もあるのがわかったんです。おーちゃん、おーちゃん！　って」

その声の持ち主らしいのが、奥氏の顔に手をのせて、もう片方の手で左手をぐっと握り締めています。それに懸命に応じようとするものの、体はまったく動きません。まして、口もまぶたもピクリとも動かない。

奥氏には長く感じられた時間も、たぶんごく短い間の出来事だったのでしょう。心停止後、脳がダメージを受けないでいられる、せいぜい数分以内。

「やがて、トク、トク……と、心臓が動き始めたんです。それが私にはわかりました。意識もゆっくり戻ってきました。いや……、意識はあったんだから、この場合、この世に戻ってきたといったほうがいいんですかね。だんだんはっきりしてきて、同時に目も開きました。口ごもりながら何かをつぶやいたんですが、何を言ったかはいまだに思い出せないんです。またしても死に神に追い返されましたよ」

なんども三途の川の淵にまで行った奥氏も、こんどばかりは、意識の薄れるなか、「まだ死ねない！　死ぬわけにはいかない！」と強く思ったのでした。

「ほんとうに、今回の生還はありがたかったです」

そうです。それは私からも閻魔様に感謝をいわなければいけないでしょう。

もしそこで帰天していたら、その半年後に私と出会うことはなかったのです。危ないところでした。

写真集刊行

その半年後、私たちの光体験を経て、当社から新たな写真集発行の運びとなったわけです。

これだけの鮮やかな光を撮れる写真家を、私はほかに知りません。目に見える世界の背後に、このような不思議なエネルギーがあることを世に知らせるべきだと、私たちは何の気負いもなく思えたのです。それに、奥氏との出会いは、これもまた私たちの手で発行されるべく、偶然のお膳立てがなされたのだという気持ちがありました。

未発表の写真のほかに、これからどんどん新たな写真を撮っていこうということで、たとえ売れなくても、一冊に終わらず、シリーズで何冊も出していこうという企画で始まったものです。

タイトルは『光の啓示――魂との共振――［1］』。

写真集は大きな反響を呼びました。ところが、さすがにこれだけの写真です。合成じゃないのかという疑いや、難癖が一部でありました。

それも仕方ないでしょう。肉眼で見る限り、これがトリックではないという証拠はどこにもないのですから。けれどもその反対に、トリックだという証拠もまた、だれからも示されていないのですが。

これを一発で本物だと見抜ける人は、肉眼を超えたそれなりの鑑識眼がある人です。といっても写真的なものではなく、霊的な意味において。きれいな光の写真、単なるアーティスティックな美しさを超えた波動が、そこに感じられるかどうか。その意味で、奥氏の写真は、霊的鑑識眼を判定するバロメーターになります。批評は、自分のレベルが試されるので怖いものです。

いや、写真技術としても、専門家であればあるほど、一見して、これだけのものをトリックで作るのは無理だとわかるようです。よほど資金と時間をかければ別として。しかし、一本のフィルムのひとコマごとに、みな違う光が描かれていて、しかもそれが数千点もあるというのはどう理解すればいいのでしょう。

トリックの余地がないよう、フィルムを管理しても光は写った

写真集に携わった当社の社員も、最初は手放しでみな信じたのではありません。疑り深いのはけっこういます。また、それがあるべき態度だと思います。確かに、インチキが多いのもこの世界ですから。

そこで最低限、トリックができないように撮影してもらいます。フィルムはこちらで用意するのは基本中の基本。フィルムもこちらで装填して、カメラを手渡しします。

実は、奥氏もいつも百発百中で、シャッターを押したら必ず光が撮れているとは限らないのです。唯一、百発百中だったのは、操り人形になってシャッターを切らされた、初めて光写真を撮ったときぐらいでしょう。調子が悪いと、二十四枚フィルムで、三、四枚しか撮れないときがあります。

写真集用の撮影が始まったとき、奥氏の快諾のもと、いちどトリック撮影の余地がないようにしようということになりました。

ちょうどそのとき、たまたま奥氏の不調時だったので、オルゴンエネルギー発生装置を持てばうまくいくのではと考えて、ポータブルな装置を一つ用意して、奥氏に携帯してもらいました。

田中君が買ってきたフィルムを、奥氏には触れさせないようにしてカメラに装填し、奥氏に預けます。数名で監視のもと、撮りきったフィルムを田中君が巻き戻して、すぐに現像に出します。

すると、やはりそこには光が写っていたのです。しかもうれしいことに、二十四枚全部に光が鮮やかに現れていたというおまけつきで。つまり、私たちにとっては、偽造ではないことの証明になったと同時に、ウチの製品が光を招くことに効果をもたらした事実が得られて、一挙両得というか、二重の喜びになったのでした。奥氏の体調がよくなったことを入れれば三得です。

しかしまあ、もし奥氏がマジシャンだったら、そんな程度のトリック防御など簡単にすり抜けるでしょう。カメラの内部に細工があるといわれればそれまでです。私たちの実験は、彼が手品師ではないことが前提のものではあることを、まずはお断りしておかねばなりません。

また、奥氏にオルゴンエネルギー装置を持たせたのは、彼の体調アップのためでしたが、オルゴンエネルギー自体が、パワーポイントのエネルギーと共振して光を招いた可能性があることも指摘しておきます。

オルゴン製品はみな光を放つ

奥氏の体調アップのために、オルゴンエネルギー装置を持たせたら光がよく写っていたという事実から、それでは、こんどはその装置自体を撮影したらどうなるかと考えるのはごく自然の成り行きでした。以前、ドクター・オルゴンから龍が立ち上ったということを思えば、何らかの超自然的なビジョンが写るのを期待するのも無理はないでしょう。しかし、いくらオルゴンエネルギーとはいえ、人工物で、果たして光の片鱗でも写るものなのか。

まずは、二百六十面体の「結界クリスタル」などの水晶製品をはじめ、西海式メビウスコイルが内蔵されたあらゆる装置を撮ってみたら、やはり、そのすべてにもれなくさまざまな光が写っていたのです。それは、製品に向かって空間から降り注ぐようでもあり、また、製品それ自体が放つ光輝のようでもありました。そればかりか、フィルムにはひとコマもムダなく、光がとらえられていたのです。つまり、百発百中。

プリントしたそれらの写真を確認しながら、奥氏はちょっと神妙な顔でこう言います。

「最初に私が光の写真を撮ったとき、それは私が撮ったのではなく、撮らされたと感じたんですね」

「体が勝手に動いて、どんどんシャッターを切っていったんでしたね」

私はうなずいて、カメラを動かす身振りをしてやります。

「そのときは何ものかに撮らされている……、つまり、神か何かが私を動かして撮らせたのだとしか考えられませんでした。とにかく意識的な動作ではなかったので。で、写真を現像してみると、一枚のムダもなく全部光が写っていました。それ以降、私は意識的に光を求めてあちこち放浪することになります」

「光ハンターの誕生ですね」

「ええ。ところが、そんなふうに自分の意思でハンティングしようとしたら、こんどは百発百中ではないんですね。写ったり写らなかったり。それでは、当たるも八卦当たらぬも八卦みたいなもので、プロとしてはどうか。私は、光の写真家として自負を持つようになってから、怖いのは写真を撮っても光が写らないことです。もし、何も写らなくなったらおしまいですからね」

と言いながらも奥氏には、そうはならないという自信が見えました。

「やはり場所が大事なんじゃないでしょうか。同じパワースポットでも、エネルギーの高低はあるでしょうし」

私はまず一般的な発言をします。

「いや、パワーの高い場所でも、写る確率はさほど変わりはないんです。だから、ここだと思うときにシャッターを切れば、必ず写しとることができる、そういうものこそプロだと思うんです」

「なるほど、釣りに例えれば、同じポイントに糸を垂らしたら、アマチュアには釣れなくても、プロは確実に釣らないといけないということですか」

オルゴン装置は聖地をつくる

「そこで、オルゴン製品を持てば百発百中になるというのは、一体どういうことなのかと考えました。当初、自分の感性を高める補助具のようなものかと思ったんです。でも、違うんですね。なぜなら、オルゴン製品にレンズを向けたら、それ自体が光に包まれていたんですから。魚群探知機どころか、集魚灯でもある。いや……、まさにそれは自ら発光していたんですねえ。つまり、集光器ではなく、発光器だったということになりますか」

深く感心した様子で、奥氏は額に手をやります。

「といいますか、集光器であると同時に発光器なんだと思います。空間の光の波動と共鳴することで、空間から光を汲み取り、空間にまた光を放つんですね」

私はちょっとだけ訂正します。

「なるほど。それにしても、天然石ならわかるんですよ。自然のものですから。鉱物は、太古の地球の気が凝縮されていますので。だからこそパワーストーンともいうんでしょう。しかし、西海社長の製品は、オルゴンエネルギーで、なおかつ水晶を内蔵しているものだとはいっても、人工の装置ですからね。そこに聖地と同じ光があふれているというのはどういうことか……。大いに考えさせられました。いや、装置のメカニズムのことではなく、なぜ私のような光写真のハンターが、この世に出てきたのかについてですが」

「ああ、それは私もお聞きしたいです」

「こういう光の写真が撮れるようになったのは、一つには聖地の証明をするためではないか。そんな考えが私にはあるんです」

「聖地の証明？」

「ええ。その地が、いわゆるパワースポットであることですね。そのエネルギーを目に見える形にして提供すれば、そんなものを迷信だと否定する人でも、足を運ぶべき聖地であることがわかるでしょう。昔はそういう場所が聖域として尊ばれていて、人は日常的に神気をいただいていたんですが、現代人は鈍感になって、神気など忘れてしまいました。そのご神気に鈍感になった私たちには、目に見える光で表せば気づくだろうということで、その光をフィルムに写す役目を、たまたま私が神さんに与えられただけではないか。そんな思いがあるんです」

「謙虚ですねえ」

「この年齢になれば、謙虚は一つの健康法です」

「見習いたいものです」

冗談めかせて、私は頭を下げます。

「私がオルゴン装置の写真を撮って、そこに光が写るということは、それもまた、証明をするために神さんから遣わされたのではないかと思うんですよ。聖地と同じ光のエネルギーが、オルゴン装置には宿っているということを」

「なかなかそれはありがたいお言葉です」

私は素直に感激しました。

「西海社長からイヤシロチの話を聞いて、まさに社長の製品は、イヤシロチをつくるんだと思いました。聖地といえば、ちょっと高尚な感じになるので、人を元気にするイヤシロチ、いまでいうパワースポットをつくるといえば、そのほうが一般にはしっくりくるかもしれません。聖地へ足を運ばなくても、それを置いた場所がイヤシロチになる。便利になったというより、それだけ環境が悪化したので、神さんが現代人に降ろしてくれた贈り物だなんて思えます。開発者にこんなことを言っては失礼ですが」

「いいえ、とんでもない。光ハンター・奥聖のカメラに、わが社の製品が放つ光が写ったということは、イヤシロチであることのお墨付きをいただいたわけなんですね。いや、けっこうなお話です」

こんどは冗談ではなく、私は深く頭を下げました。

ノアの箱舟を表すのか?

奥氏の光の写真は、イメージが具体的なのが特徴です。最近、よく登場するイメージに、船があります。

そのなかでも私たちに大きな驚きを与えたのは、表紙カバーにある写真です。これはイラストではありません。皆さん、これはどう見えますか？　まるで黄金の天使か羽のはえたピーターパンか何かが、帆船を手に持っているように見えないでしょうか。いったい、これは何を表しているのか。その意味を問わずにはおられません。

奥氏は、その船をノアの箱舟の象徴だとみなします。みなすというか、神からそういうメッセージを得たのだと。

彼は『光の啓示—魂との共振—［7］』のあとがきで、こんなことを記しています。

古きものから新しきものへ
古い価値観から新たな価値観へ
すでに、地球全体で波を打っています

いずれ地球は大変化を迎え、人類は箱舟に乗れるものと乗れないものとに二分化されるというのです。それは、かつてのノアの箱舟のように、必ずしも大洪水のような天変地異から、命が救われるものと滅びるものとに分かれるというのではありません。イモムシがサナギから蝶に羽化するように、精神が新たな変容を遂げるものと、イモムシのままでいるものとの二分化です。

ただし、イモムシが生命として劣るというのでもなく、イモムシもまた生命の一形態であり、そこに貴賎はありません。とはいえ、地を這うイモムシの平面的な生命形態に甘んじるか、羽化して、空中というもう一つ上の次元を生きる存在となるかという、そういう二つの選択です。どちらを選ぶのもそれぞれの自由です。

またそれは、短時間で起きるのではなく、長い時間をかけて徐々に起きていくのだといい、その地球大変化の幕開けが始まることを物語っているというのです。

既成観念の影響は受けていないか

ただ、私はそのメッセージが、奥氏の純粋な直感によるものではなく、既存の知識によって翻訳されていることはないかとの危惧も持っています。

奥氏ならず、世間の神秘家の語る霊言めいたものは、既成観念や既存の情報によって濁っているかもしれません。おお、すごいメッセージだと単純に受け入れるのではなく、それをまず洗い出さなければならないと、私は常々自戒しています。

どんな聖者の言葉も、その時間や地域、文化に限定された人間である以上、その影響を受けています。だから、語られる情報をそっくりそのままうのみにしてはいけません。そこから本質を抽出すること。それが大事です。

近頃、二〇一二年に地球規模で破壊的な災厄が起こるといわれています。その手の映画も何本か作られていて、いまでは二〇一二年が、かつてのノストラダムスの一九九九年に置きかわった感があります。

この世には、精神世界系の本があふれ、宗教的、セクト的な情報が大量に流れています。そういう既存の知識に影響されていないかということです。

億のカネを積まれても共鳴しなければ追い返す

奥氏のような「異能者」ともなると、精神世界系にどっぷりと浸かっているシンパも集まりますし、その能力を自分らの組織に取り込もうとやってくる既成の宗教団体もあります。

現に、自分にハクをつけるために、ある有名な神社に関わる人物が、その神社を背景にして自分を撮ってくれと頼みにきたことがあります。

実は、その神社には、奥氏も以前から撮りたかった聖域があったのです。そこは、その人を介さなければまず撮れない、奥氏にとっても羨望のポイントでした。写真集もプロデユースしてくれるというので、これは渡りに船。

ところが、その聖域を撮るためには、自分の姿を入れろというのが条件だったのです。自分が神社を背景に光に包まれている写真が出れば、あたかも自分に感応した光のような、後光の効果を演出することができます。

とにかく、聖域の写真は必ず自分もフレームに入れること。それを強硬に要求されたのです。その態度が横柄だったので、奥氏はあっさりとその申し出を断ったのでした。あるいは、巨大新興宗教団体が、そのトップの写真を撮ってくれと億のカネを積んで交渉にきたこともあり、それもまた断ったのだとか。

「もったいない話ですねえ。なんでウチのような会社においでくださいましたかねぇ」

と、私が笑えば、

「お金でも名誉でもないんです。共鳴するかどうか、そこにいい気が流れているかどうかなんですよ」

本当かどうか、奥氏もまた笑って返すのでした。

帆は、第七感界へと誘うエネルギーの風の象徴か？

話がちょっと脱線しました。

人の口からもたらされる神からのメッセージには、カネを積まれるかどうかは別として、意図せず、無意識のうちにでも、既存の情報が取り込まれてはいないだろうかと、吟味するのも必要だということです。

わからないものは解釈したいのが人間のサガです。不可思議な事象には、言葉で解明してわかった気になれば安心できます。そういう既存の解釈の影響を受けていないかどうか。

半仙人の奥氏の、光をとらえる感性は大いに認めています。それでも、既成の知識に侵されていないかどうか、それを吟味する姿勢は捨ててはいけないでしょう。それは私だとて同じ。読者の皆さんも、私の言うことを、まずは疑ってみることです。

それはともかく、遅かれ早かれ、私もなんとなく、地球規模の大変化があるのではないかとは思っています。それはエネルギーの変化です。地球生命の電源となっているエネルギーが高周波化されるといいますか。その周波数に合わせられるものと、そうでないものとの二分化です。

奥氏はノアの箱舟だといいました。でも、箱舟に帆はありません。帆があるということは、そこにまだプラスアルファの象徴があるのではないか。

帆には風がセットです。風はエネルギーの象徴ではないでしょうか。つまり、新しいエネルギーの風を受けるものと、そうでないものとに分かれると。

奥氏の写真に、渦巻きとともに繰り返し登場する形の一つに卍があります。卍は古くから洋の東西を問わず、太陽の光の象徴であるといいますが、風を受けて回転する風車にも見えます。

新しい酒は新しい皮袋に入れなければならない、という言葉があります。肉体なのか精神なのか、チャンネルはどこにあるのかはともかく、チャンネルは新しい光の波に合わせなければならないのです。よく宗教や精神世界で語られる世界の立て替えというのは、天変地異ではなく、そういう変化なのかもしれません。

さて、もうおわかりでしょう。その変化の風に帆をかけられるものこそ、新たな人類として第七感界に船出することができる——それが私の考えなのです。

黄金郷への帆かけ船？

さらに、私はこんなことも考えます。
写真の色を見れば、まさにそれは金色《こんじき》の帆かけ船。黄金の帆かけ船です。金といえば、こんな歌が自然に出てきます。

♪金毘羅船々　追風《おいて》に帆かけてシュラシュシュシュ
まわれば四国は讃州《さんしゅう》那珂《なか》の郡《ごおり》
象頭山《ぞうずさん》金毘羅大権現　一度まわれば
金毘羅み山の青葉のかげからキラララ
金の御幣《ごへい》の光がチョイさしゃ
海山雲霧《うみやまくもきり》晴れわたる　一度まわれば——

四国は讃岐の金比羅様。讃岐といえば空海ではないですか。
前に空海は山師と連携していて、高野山にも水銀や金の鉱床があるという話をしました。

日本最大の断層に中央構造線があります。これは、関東・中部・近畿・四国・九州を横断し、八代海へ抜けるラインです。この一帯には、金・銀・銅などの鉱床が数多くあります。高野山もこのライン上にあり、また奥氏が発見した金鉱床もこの帯域にあるのです。

それらを考えれば、金色の帆かけ船は、平成の空海、奥聖の金山開発への寿《ことほ》ぎではないかという楽しい考えも浮かんできます。

金山開発成功するぞ。万事追手の帆かけ船ぞよ——と、そんな声も聞こえてきそうな。「シュラシュシュシュ」も、ゴールドラッシュの響きにも似てきます。そう思えば、

♪「金毘羅み山の青葉のかげからキララララ　金の御幣の光がチョイさしゃ　海山雲霧晴れわたる〜」

というフレーズなど、まるで黄金そのものを語っているとしか聞こえなくなってくるではありませんか。ただし、あくまでこれは私の幻想。さすがに、奥氏自ら語るものではありません。

神気は地球に満ちている

奥氏がキャッチする神からのメッセージを丸ごとうのみにはできない、と言いつつも、

私は奥氏の神に対する見方には大いに共感しています。

神というのは、地球に満ちるエネルギーのあだ名みたいなもの。ほんのニックネーム。そう考えてＯＫです。

少なくとも、一神教の創造主ではない。神は光だと聖書でも書かれていますが、その光の意味が忘れ去られています。光とは、人と同じ姿をした創造主に宿る背光やオーラではなく、光そのものなのです。

そもそも、奥氏がいう神とは何か。

それを『光の啓示―魂との共振―［1］』のあとがき（ごあいさつ）から、長くはなりますが、若干整理して引用させていただきます。

本来、神とは、太古の昔から、高くそびえる力強い山々や巨大な岩山、岩石、年輪を積み重ねた巨木、深く澄み切った湖や海など、人間の力が及ばない大自然の畏れ多いものでした。人間はそこに聖なるものを感じて畏敬し、そこに神々が宿ると信じたのです。大自然の万物に神々が宿る。いわゆる八百万の神です。

私は山野を歩き、聖地を訪ね、古代の人々が神々への祈りを捧げた磐座の御精霊に祈りを捧げてきました。聖なる山の御神気にふれ、御神光に包まれていると、やはり

そこに八百万の神々を感じずにはいられません。

ある聖地でのこと。風にそよぐ草や木、虫の音色、小鳥のさえずりにさえ、この世の命を共に授かるものどうしの生命の共振を感じ、みなぎる生命の共鳴を強烈に感じたのです。

そのような時は、やはり遠いご先祖も同じ気持ちであったに違いないという思いがしてきます。その思いのまま、自然に身をまかせて神々に向き合っていると、いつの間にかその神が自分自身であったりすることに気づくのです。初めの頃は、そんな思いを自覚すると、自分の中の何かが少しおかしいのかなと考えたり、人にはあまり話せないことだなと思ったりもしました。

奥氏は、自然のなかで生命の共鳴を感じたと言います。その生命の共鳴を、彼は遺伝子の共鳴というふうに語るときもあります。地球上の生命の種の違いは、バクテリアから人間まで、限られた塩基の配列の違いにすぎません。

いま地球上に存在する生命は、遺伝子でつながっています。そういう同時代の横のつながりとともに、遺伝子はまた、親から子へと連綿とつながっているわけです。母方のご先祖をたどっていけば、人類はみな十五～三十万年前に生きていたアフリカの一人の女性にたどりつきます。そのもっと前をたどれば、小さなネズミのような哺乳類になり、さらにさかのぼればバクテリアに行き着きます。遺伝子の塩基配列がより単純になるだけにすぎません。

だから、生命はみな、現在といわず過去といわず共鳴できるのです。いや、非生命でさえ。大自然の巨峰から石ころまで、バクテリアから人類まで、すべては原初地球の、雷が走る、ドロドロの混沌から生まれたものです。

万物同根、などと言葉でいってしまえば簡単ですが、その同じ根に伝わるエネルギーを心身で、実感として奥氏は体感したのでしょう。そのエネルギーを宿す地球の一員として、自分もまた「神なり」と、体の奥で深い共鳴のバイブレーションを感じたのです。

神道的にいえば、神というエネルギーの海の「分《わ》け御霊《みたま》」。

われもまた神なり。そこには、共鳴のうなりがあります。

神は高い振動を持ったエネルギーです。いうなればそれは「神鳴り」であり、カミナリならばまさに光です。

神は動かすもの

奥氏は、光というイメージのほかに、メッセージとして言葉が直接頭に響くことがあるといいます。そのなかの言葉の一つに、こんなのがあります。

神は光じゃ　よいか　神は一つじゃ――
よいか　十を三つに分けてみよ　一つ残ろうが
その一つを　さらに三つに分けてみよ　一つ残ろうが
さらに続けてみよ
それが己ぞ
それが己の分じゃ　留めておけや

良いか　神は祈り願うものではないぞ
神を動かすのじゃ　神は動かすものじゃ
神を動かせ　己も動くのじゃ

まことの祈りをいたすのじゃ

文語調で方言もあるのは、やはり奥聖という個性のフィルターがかかっているのでしょう。それを差し引いて読み取る必要があります。

一神教のプロパガンダによって、人間は神の奴隷となりました。へりくだるのを通り越して、卑屈になりすぎました。

そうではないのです。神はエネルギーです。額づいて、ひれ伏して願い奉るものではなく、祈り念じるものなのです。動かすものだったのです。気概をもって祈り念じるところにエネルギーが降臨し、そのエネルギーが動けば己と共鳴します。そこで新たなエネルギーがどっと流入して、己も神の一員として高い活動ができるようになるのです。それが本当の祈り、まことの祈りです。

私はそのように解釈しました。さて、皆さんはどうでしょう。

神と遊べ

奥氏は焼酎一杯で陽気になります。本格芋焼酎二杯で体が浮き、三杯も飲めば羽化登仙《うかとうせん》します。だから、この世に留めておくには一杯が適量。

というのは冗談ですが、酔吟先生（白楽天）よろしく、酒仙聖先生、いつのまにかお囃子を口ずさみ、両手が宙に舞いだします。

♪テンツク　テンツク　テンツクテン　チク　チク　テンテン　ツクテンテン
右へ　左へ　テンツクテン
回り回って　ツクテンテン
上を下へ　テンツクテン
ツク　ツク　テンテン　テンツクテン
回り回って　大まわり
回り回って　大まわり
輪になり　輪になり　大まわり……大まわり　大まわり
テンツクテン　チクツクテンテン　テンツクテン

彼の文章に、こういうものがあります。

神々と人々との宴は、この祭囃子。笛や太鼓の囃子の中から始まり、神と人とが、歌や踊りに興じる中、美酒を頂き、神々と更に盃を重ねる毎に、神と人は一つになり、神と魂が互いに溶け合ううち、神は光となり、お姿を見せられる。

聖なる光に抱かれた人々は、身も心も洗い清められ、明日への生きる力を頂きます。光には、神々からの秘められたメッセージが含まれたものも数多くあり、聖なる光の写真は、神と人との共演により生み出されるのです。

奥聖はアメノウズメノミコトか

一神教の神ならいざ知らず、日の本のこの国の神々はお酒を好みます。猟師は、山に入る前に山の神にお神酒を捧げ、屠《ほふ》った猪にも酒を捧げてその魂に感謝します。神酒がつきもののお祭りは、そもそも神を招き、ワッショイワッショイと囃しながら、神輿にのせて練り歩く、神と人との共演だったのです。

なるほど、そうだったのか……。私はやっと、古事記の有名な天の岩戸伝説を思い出しました。

アマテラスオオミカミが、弟のスサノオノミコトの乱暴狼藉に怒って、天の石屋戸の中へ隠れてしまいます。世界は一転暗闇になり、隠れた太陽神に姿を現して光を戻してもらうために、アメノウズメノミコトが岩屋戸の前で、面白おかしいダンスを踊ります。やんややややんやの賑わいに、いったい何が始まったのかと、岩戸を細めに開けてちらっと姿を見せたアマテラスの手を、岩戸の前に潜んでいた手力男の神がさっとつかんで引っ張り出すわけです。

神は賑やかで晴れやかなものが好きなのです。神はそこに宿ります。神は光といってもいいし、エネルギーとも呼んでいい。それは、決してお祭りなどの晴れ舞台だけではなく、一家団欒の笑顔のある食卓にも宿ります。

光の写真家・奥聖は、平成の空海であるとともに、平成のアメノウズメノミコトでもある。それはなんと楽しい想像でしょう。その彼と、いちど浮かれながら天神のこの街中を遊行してみたいものです。楽しいエネルギーが世に満ちることを、大いに期待しましょう。

♪テンツク　テンツク　テンツクテン　チク　チク　テンテン　ツクテンテンテン――

あとがき

教育学者のウィリアム・ウォードに、こんな有名な言葉があります。

「平凡な教師は指示をする。よい教師は説明する。優秀な教師は模範を示す。しかし最高の教師は心に火をつける」

結局、人を最大に活性化させるには、他人があれこれ言ったり、手本を示したりしてもダメで、その人自らが熱く燃えるのが一番なわけです。

オルゴンエネルギーは場をクリーンにするエネルギーです。それだけでも価値がありますが、もっと有効利用するには、それと共振することです。

オルゴンエネルギーは、共振することで大きく吸収される波動であり、それが奇跡を生む原動力なのです。共振しなければ効果は薄い。まず、自らが発振し、熱く燃えれば、面白い偶然がやってきます。

深層意識の奥底まで変えれば、現実も変わってきます。その深層意識を変えるには、まずふだんの意識を、「意識的に」変えるところから始まります。

幸運の扉を開くのも、ちょっとした偶然の恵みに気づくところから始まります。ちょっとした意識の変革です。

偶然の一致、大歓迎——そう思ってさえいれば、都合のいい偶然が次から次へとやってくるでしょう。

だから、陽気に楽観的に構えていること。といっても、世の中、恐怖を煽る文句があふれています。大地震、異常気象、地球温暖化、金融恐慌、戦争、テロ、デフレ、低賃金、リストラ、派遣切り、疫病等々。パニック映画は相変わらず人気ですし、生命保険のCMは毎日流れています。

健康番組も、例えばメタボ一つとっても、肥満防止にとどまらず、肥満がこうじてのさまざまな病気を挙げ連ねて恐怖を煽っています。それを視聴率稼ぎの戦略にしているのでしょう。

意識をクリアにして、願望のビジョンを研ぎ澄ませといっても、日々の生活のなかで余儀なくされる不安の雑念に絡められて、なかなかうまくいかないかもしれません。

不安といえば、最近よく、「二〇一二年地球壊滅説がありますが、大丈夫ですか？」という質問があります。まあ、地球がゴロンと傾いてしまうような、そういうカタストロフィーの心配はないでしょう。安心してください。ただ、気をつけなければいけないのは、神の名を借りて、終末を演出しようという勢力があることです。そう言うのは、山脇先生が言うように、「人の作った神」を信ずるものたちです。

　また、奥聖氏が言っているように、人類に精神的変革を促すような波動は静かに始まっています。私も、これからは物質的進化に価値が置かれていた時代から、霊性が問われる時代になるのだと思っています。霊性——そう、別名アガペーの「第七感」が目覚める時代に差しかかっているのだと。

　地球壊滅の心配より、物質的価値観に縛られていたら置いてきぼりをくらうという心配をしたほうがいいでしょう。

　それにしても、生きることは、毎日が選択の連続だとつくづく思います。最後に、私が最近ある小冊子に載せた文章を転載します。


私たちは、毎日が、明日の行方が決まる分岐点に立っています。

人生には、たくさんの扉が立ちはだかっています。

たくさんの扉を開いてやってきたのが、いまあなたが立っているこの世界です。

扉は決して一本道にあるだけではなく、いくつもの分かれ道に立っています。

人生は選択の連続です。

いったいどの扉を開いていいのか。ぼうぜんとして立ちすくむこともあるでしょう。

しかし、無数の扉の中に、わずかに開いた隙間から、明るい光が漏れている扉があるはずです。

その扉が、これまでの道とは違う脇道にあるために、私たちは案外、それに関心を寄せずに通り過ぎてしまいます。

もしそれに気づいて、ちょっとだけ勇気を出してノブを引っ張れば、スポットライトが燦然と輝くステージが待っているでしょう。

これまでとはまったく違う、新しい人生の幕開けです。

これまでの、惰性で決定されていた因果鉄道のレールポイントが切り替わり、新たな光の銀河鉄道へと乗り入れることになるのです。

王道は脇道にこそあります。

本書で紹介した、奥聖氏と山脇由美先生とともに、ぜひ皆さんも光のレールウェイへと、軽やかにステップアップされることを祈っています。

著者プロフィール

西海 惇（にしうみ まこと）

1940年10月１日生まれ、長崎県出身。1985年、中央企業代行センターを設立。企業間の企画、営業関係者に対する潜在意識を中心とした実務セミナーを開催。1989年、宇宙エネルギーに携わり、生活活性研究所を設立。その後株式会社として運営。2001年、㈱ボーテクレールを設立。2010年、㈱Ｙ．プロジェクトを設立。㈱生活活性研究所においては、波動を基本とした画期的なヒーリング法と西海流21世紀の開運術を提唱し、全国で啓蒙運動を精力的に展開中。また㈱ボーテクレールにおいては、今までにない波動基礎化粧品を完成させる。さらに㈱Ｙ．プロジェクトにおいては、高品質天然石店「ストーンワールド羅針盤舎」の１号店を福岡に出店し、その独自性で今注目を浴びている。

第七感界への進化と祈りの力

2010年11月25日　初版第１刷発行

著　者　西海 惇

発行者　韮澤 潤一郎

発行所　株式会社たま出版

〒160-0004 東京都新宿区四谷4－28－20

☎ 03-5369-3051（代表）

http://tamabook.com

振替　00130-5-94804

印刷所　図書印刷株式会社

ISBN978-4-8127-0299-4　C0011